Entendendo a ansiedade infantojuvenil

Atualizações científicas sobre a ansiedade infantil

COORDENAÇÃO EDITORIAL

Carolina Perrotta e Francilene Torraca

Entendendo a ansiedade infantojuvenil

Atualizações científicas sobre a ansiedade infantil

Literare Books
INTERNATIONAL
BRASIL · EUROPA · USA · JAPÃO

PRESIDENTE DO CONSELHO
Maurício Sita

PRESIDENTE
Alessandra Ksenhuck

VICE-PRESIDENTES
Cláudia Pires e Julyana Rosa

DIRETORA DE PROJETOS
Gleide Santos

CONSULTORA DE PROJETOS
Daiane Almeida

EDITOR
Anselmo Vasconcelos

EDITORA JÚNIOR
Júlia Almeida

ASSISTENTE EDITORIAL
Emerson Xavier

REVISORES
Letícia Teófilo e Luísa Bérgami

CAPA, DESIGN EDITORIAL E DIAGRAMAÇÃO
Ana Paula Nunes Medeiros

IMPRESSÃO
Printi

Dados Internacionais de Catalogação na Publicação (CIP)
(Câmara Brasileira do Livro, SP, Brasil)

Entendendo a ansiedade infantojuvenil : atualizações científicas sobrea ansiedade infantil / coordenação editorial Carolina Perrotta e Francilene Torraca. -- São Paulo : Literare Books International, 2025.

Vários autores.
Bibliografia.
ISBN 978-85-9455-393-5

1. Ansiedade em adolescentes 2. Ansiedade em crianças I. Perrotta, Carolina. II. Torraca, Francilene.

25-263192 CDD-152.46

Índices para catálogo sistemático:

1. Ansiedade : Psicologia 152.46

Eliete Marques da Silva - Bibliotecária - CRB-8/9380

LITERARE BOOKS INTERNATIONAL LTDA.
Alameda dos Guatás, 102
Vila da Saúde – São Paulo, SP. CEP 04053-040
+55 11 2659-0968 | www.literarebooks.com.br
contato@literarebooks.com.br

FSC www.fsc.org MISTO Papel | Apoiando o manejo florestal responsável FSC® C196274

SUMÁRIO

PREFÁCIO

TÂNIA BASTOS

Atualmente, exerce o 5º mandato como vereadora do Rio de Janeiro, é vice-presidente da Câmara por duas legislaturas. Pedagoga, ex-conselheira tutelar, com experiência na Coordenadoria de assistência social da Secretaria Municipal de Desenvolvimento Social, foi assessora parlamentar, chefe de gabinete na Assembleia Legislativa do Rio de Janeiro (Alerj), e secretária estadual do Movimento Mulheres Republicanas.

Contato: sectaniabastos@gmail.com

A ansiedade infantojuvenil no Brasil é um tema que precisa ser amplamente discutido. O número de crianças e adolescentes afetados por essa condição cresce de forma alarmante, e ainda há um longo caminho a percorrer para garantir que essas demandas sejam reconhecidas e atendidas de maneira adequada. Entre os transtornos de ansiedade, o mutismo seletivo se destaca por ser pouco conhecido, o que faz com que muitas crianças sofram em silêncio, sem o suporte necessário.

Falar sobre os transtornos de ansiedade que afetam a infância e a adolescência é fundamental para que possamos identificá-los e agir precocemente, evitando impactos duradouros na vida dessas crianças. No entanto, muitas vezes, o conhecimento sobre o tema permanece inacessível ou repleto de termos técnicos que dificultam a compreensão de quem mais precisa dessa informação. É por isso que materiais como este são tão essenciais: eles traduzem o conhecimento científico em uma linguagem clara e acessível, permitindo que pais, educadores e profissionais da saúde compreendam e apliquem estratégias eficazes no dia a dia. E foi exatamente isso que esses autores, coordenados por Francilene e Carolina, conseguiram trazer. Um conteúdo que não apenas informa, mas também transforma realidades, oferecendo ferramentas que podem verdadeiramente mudar vidas e ajudar nossas crianças a superarem a ansiedade por meio de intervenções precoces.

Este livro surge como uma ferramenta essencial para mudar esse cenário. Quando fui apresentada ao mutismo seletivo por Francilene, percebi a urgência de aprofundar nosso conhecimento e buscar formas de apoio mais eficazes. Desde então, propus três projetos de leis municipais, dos quais dois já são leis aprovadas e em vigor.

Unimos forças para reivindicar políticas públicas que possam amenizar o sofrimento de tantas famílias cujos filhos vivem aprisionados em um silêncio muitas vezes mal compreendido.

A construção deste trabalho representa mais do que um esforço acadêmico, é uma mobilização que integra ciência, acolhimento e o legislativo em prol da promoção da saúde mental. É um chamado para que mais pessoas conheçam, compreendam e atuem para transformar a realidade dessas crianças e adolescentes.

Sou profundamente grata a Deus por me conectar com pessoas como Francilene e Carolina, que dedicam suas vidas a causas que realmente transformam. E mais ainda pela oportunidade de também contribuir, de alguma maneira, para a construção de um mundo em que o silêncio e o sofrimento dessas crianças seja quebrado, levando a mudanças concretas em suas vidas.

Sigamos!

INTRODUÇÃO

Ansiedade infantojuvenil e o impacto na sociedade

A ansiedade infantojuvenil tem sido uma preocupação crescente na área de saúde mental, afetando milhões de crianças e adolescentes em todo o mundo. De acordo com a Organização Mundial da Saúde (OMS), cerca de 7% das crianças e adolescentes em todo o mundo apresentam algum tipo de transtorno de ansiedade. No Brasil, estudos indicam que cerca de 10% das crianças e adolescentes apresentam sintomas significativos de ansiedade, uma taxa considerada alta. Outros levantamentos globais apontam que a prevalência pode ser ainda maior em alguns países, especialmente após a pandemia de Covid-19, que aumentou o estresse e a insegurança nas crianças e nos adolescentes.

Os transtornos de ansiedade podem se manifestar em qualquer fase da infância. Geralmente, aparecem no início da vida e compartilham, no entanto, com outros transtornos mentais, uma evolução deliberadamente crônica e um forte impacto funcional. Existem diferentes manifestações clínicas dos transtornos de ansiedade. Para alguns, está relacionado a estímulos ambientais específicos, resultando em fobias. Outros podem experimentar sofrimento episódico grave, como no transtorno do pânico. Essas experiências, quando percebidas como ameaças no córtex pré-frontal e na amígdala, desencadeiam uma resposta de luta ou fuga, que pode se manifestar na forma de uma resposta psicofisiológica como tontura, aumento da frequência cardíaca e suor. Estudos mostram que meninas tendem a ser mais afetadas do que meninos, especialmente na adolescência. Fatores biológicos, como as mudanças hormonais, bem como culturais e sociais, como a pressão para atender a expectativas sociais, podem contribuir para essa diferença. Os tratamentos existentes para ansiedade geralmente envolvem uma combinação de medicamentos e psicoterapia. Embora a resposta fisiológica associada à ansiedade possa ser tratada por meio de métodos farmacológicos, as memórias psicológicas e os gatilhos que causam ansiedade precisam de uma solução psicológica. Há um grande conjunto de evidências que apoiam a eficácia de intervenções, como a terapia cognitivo-comportamental, para reduzir os sintomas de transtornos de ansiedade. Em muitos casos, essas intervenções podem ser realizadas virtualmente, permitindo que a prestação de serviços alcance uma clientela global e tornando os cuidados de saúde mental mais acessíveis para uma parcela da população maior do que nunca.

Existem diversos transtornos de base ansiosa, alguns mais conhecidos, como o transtorno de ansiedade generalizada (TAG), a ansiedade de separação, a fobia social e o transtorno de pânico, e outros menos reconhecidos, como o mutismo seletivo, que será abordado nesta obra com referências sobre o tema e casos clínicos, de forma inédita no Brasil. Quando pesquisamos sobre mutismo seletivo em literaturas ou artigos relacionados à ansiedade infantil, fica evidente a ausência de estudos e informação relevante sobre o transtorno.

O mutismo seletivo é um transtorno de ansiedade que acomete a primeira infância, fase do desenvolvimento mais importante do ser humano, que tem papel decisivo na capacidade da criança aprender, viver situações nas quais será de alguma maneira convocada a adaptar-se a mudanças e praticar resiliência diante das situações difíceis. O cenário atual diante do diagnóstico e tratamento deste transtorno reflete dificuldades para crianças receberem diagnóstico correto e intervenção precoce, perpetuando o emudecimento na adolescência e na vida adulta, assim como comorbidades. Nesse sentido, urge a necessidade de disponibilização de informações consistentes sobre como tirar de fato crianças mutistas do silêncio.

A ansiedade infantojuvenil é resultado de uma combinação de fatores. Existe uma predisposição genética para transtornos de ansiedade. Crianças com pais ansiosos têm mais probabilidade de desenvolver ansiedade. Experiências de trauma, como violência ou separação dos pais, bem como ambientes escolares estressantes, contribuem significativamente para a ansiedade. A pressão social e o uso frequente de redes sociais aumentam o risco de problemas de saúde mental, especialmente ansiedade e baixa autoestima.

Pensando nos impactos no desenvolvimento, crianças e adolescentes ansiosos podem ter dificuldades de concentração, o que prejudica o desempenho acadêmico. Também podem apresentar limitações nas interações sociais, levando ao isolamento e à dificuldade de construir amizades. Além disso, quando não tratada, a ansiedade infantojuvenil pode evoluir para depressão, transtornos de pânico e outros problemas de saúde mental na vida adulta.

A pandemia de Covid-19 intensificou as taxas de ansiedade entre crianças e adolescentes devido ao isolamento, incertezas e mudanças na rotina. Estudos recentes mostraram um aumento nos índices de sintomas ansiosos e depressivos em jovens desde o início da pandemia, destacando a necessidade de apoio psicológico e social contínuo.

Esses dados reforçam a importância de diagnósticos precoces e de intervenções adequadas para ajudar crianças e adolescentes a desenvolverem habilidades emocionais e a lidarem com a ansiedade. Investir na saúde mental infantojuvenil é essencial para promover um desenvolvimento saudável e prevenir problemas mais sérios na vida adulta.

Carolina Perrotta e Francilene Torraca

CAPÍTULO 01

O impacto do uso de vape e maconha na ansiedade em adolescentes

Uma análise baseada em evidências científicas

A adolescência é uma fase crítica de desenvolvimento neuropsicológico, com mudanças significativas nas estruturas cerebrais e no comportamento emocional. Durante essa fase, o uso de substâncias, como dispositivos de vape (para consumo de nicotina ou THC) e a própria maconha, tem aumentado, sendo muitas vezes visto como uma forma de alívio emocional. Este capítulo explora como esses comportamentos estão ligados ao aumento de sintomas de ansiedade e possíveis riscos para o desenvolvimento de transtornos de ansiedade e físicos em longo prazo.

Carolina Perrotta

CAROLINA PERROTTA

Psicóloga e neuropsicóloga, especialista em Terapia Cognitivo-comportamental, com formação específica para crianças e adolescentes. Também possui especialização em Psicologia Perinatal, além de Liderança e Gestão de Pessoas. Concluiu o curso de TCC para ansiedade pelo Beck Institute. Atua como diretora técnica da clínica Valor Psicologia, no Rio de Janeiro, e é coautora do livro *O desafio de educar 2.*

Contatos: www.valorpsicologia.com
contato@valorpsicologia.com
Instagram: @psicologacarolinaperrotta
@valorpsicologia

1. Adolescência: o que esperar dessa fase de desenvolvimento

A adolescência é uma fase de transição crucial no desenvolvimento humano, marcando a passagem da infância para a vida adulta. Esse período é caracterizado por intensas mudanças físicas, emocionais, cognitivas e sociais, que moldam a identidade e influenciam os comportamentos ao longo da vida.

Nas mudanças físicas que ocorrem durante a adolescência, o corpo experimenta crescimento acelerado e mudanças hormonais que são evidentes principalmente na puberdade. As principais alterações físicas incluem:

- **Crescimento corporal**: o aumento da altura, ganho de peso e o desenvolvimento de características sexuais secundárias (como a maturação dos órgãos sexuais, surgimento de pelos corporais e mudanças na voz) são típicos dessa fase.
- **Mudanças hormonais**: a produção de hormônios, como estrogênio e testosterona, provoca alterações no corpo e influencia o comportamento emocional, afetando diretamente o humor, a autoestima e as interações sociais.

O desenvolvimento cognitivo na adolescência envolve grandes avanços na capacidade de pensar de maneira mais complexa, abstrata e lógica:

- **Pensamento abstrato**: os adolescentes começam a ser capazes de pensar de maneira mais abstrata e hipotética, questionando normas e valores e desenvolvendo uma capacidade mais crítica para analisar situações e resolver problemas.

- **Raciocínio lógico e moral**: a capacidade de realizar operações mentais mais complexas (como pensar em cenários hipotéticos) se torna mais evidente. Eles também desenvolvem maior consciência moral, ponderando questões de ética, justiça e direitos.
- **Desenvolvimento do cérebro**: o cérebro do adolescente ainda está em desenvolvimento, especialmente nas áreas responsáveis pelo controle executivo (como planejamento, controle de impulsos e tomada de decisões), o que pode influenciar seu comportamento impulsivo e sua busca por novas experiências.

Em relação ao desenvolvimento emocional, a adolescência é uma fase de intensas flutuações emocionais, impulsionadas pelas mudanças hormonais e pela busca por identidade.

- **Busca por identidade**: o adolescente busca se entender como pessoa, explorando diferentes papéis e valores. Essa procura é central, muitas vezes gerando conflitos internos e com os outros, pois eles tentam equilibrar suas próprias necessidades com as expectativas da sociedade, família e amigos.
- **Emoções intensas**: a intensidade das emoções, como alegria, tristeza, raiva e frustração, pode ser mais acentuada durante essa fase devido às alterações hormonais e à imaturidade do cérebro.
- **Independência e autonomia**: há uma crescente procura por independência em relação aos pais e aos familiares, com os adolescentes buscando mais autonomia para tomar suas próprias decisões, o que pode gerar conflitos familiares.

O desenvolvimento social na adolescência também experimenta mudanças significativas durante essa fase.

- **Formação de grupos e amizades**: as amizades tornam-se mais complexas e significativas, com os adolescentes buscando maior aceitação e pertencimento em grupos. Eles podem se distanciar de figuras familiares para fortalecer vínculos com amigos e grupos sociais que influenciam fortemente suas escolhas e comportamento.
- **Relações familiares**: embora a busca por independência seja característica da adolescência, a relação com os pais e com os familiares também é fundamental para o desenvolvimento do adolescente. Relações familiares positivas são essenciais para proporcionar segurança emocional e apoio durante essa fase.

- **Exploração de identidade sexual e de gênero**: muitos adolescentes começam a explorar sua sexualidade e identidade de gênero de forma mais aberta, o que pode envolver uma compreensão mais profunda sobre sua orientação sexual e identidade.

A adolescência é também um período de maior vulnerabilidade psicológica, com desafios significativos, tanto psicológicos como comportamentais.

- **Estresse e pressão social**: pressões relacionadas aos estudos, às expectativas familiares, à aparência física e à aceitação social podem ser fontes de estresse, ansiedade e até depressão.
- **Comportamento impulsivo e risco**: o impulso por experiências novas e intensas pode levar a comportamentos de risco, como uso de substâncias, experimentação sexual precoce e outros comportamentos arriscados. Isso está relacionado ao desenvolvimento do cérebro, que ainda está amadurecendo e pode influenciar a tomada de decisões.
- **Distúrbios alimentares e imagem corporal**: a preocupação com a aparência e o desejo de se encaixar em padrões sociais pode resultar em distúrbios alimentares, como anorexia ou bulimia, bem como problemas de autoestima.

Nos dias de hoje, a adolescência está profundamente imersa no mundo digital, com as mídias sociais desempenhando papel significativo na formação da identidade e das relações sociais.

- **Impacto das redes sociais**: a exposição constante a redes sociais pode aumentar a pressão para corresponder a padrões de beleza e sucesso, muitas vezes prejudicando a autoestima e o bem-estar psicológico dos adolescentes.
- **Conectividade e isolamento**: apesar de estarem mais conectados do que nunca, muitos adolescentes experimentam sentimentos de solidão, comparação social e ansiedade devido à vida digital.

O desenvolvimento na adolescência é complexo e multifacetado, envolvendo mudanças físicas, cognitivas, emocionais e sociais. Esse período é marcado pela busca por identidade e autonomia, muitas vezes acompanhado de desafios psicológicos e comportamentais. Com o apoio adequado de familiares, educadores e profissionais de saúde mental, os adolescentes podem navegar por essas mudanças de maneira mais saudável, construindo uma base sólida para a vida adulta. A terapia psicológica, por exemplo, pode ser uma ferramenta valiosa para ajudar os adolescentes a lidarem com as dificuldades dessa fase, promovendo o autoconhecimento, a regulação emocional e a resolução de conflitos internos e sociais.

2. Adolescência e ansiedade

Em 2025, a ansiedade infantojuvenil continua a ser uma preocupação crescente tanto no Brasil quanto no mundo. A seguir, apresento uma visão geral do cenário atual, com base nas últimas tendências e estudos.

No Brasil, tivemos crescimento dos casos de ansiedade. O Estudo da Organização Pan-Americana de Saúde (OPAS) de 2023 apontou que, no Brasil, aproximadamente 9% das crianças e adolescentes entre 6 e 17 anos sofrem de algum transtorno de ansiedade. Isso reflete um aumento significativo nas taxas de diagnóstico nas últimas duas décadas.

A pandemia de Covid-19 foi um fator crucial para o aumento da ansiedade infantojuvenil. As crianças enfrentaram isolamento social, mudanças na rotina escolar e familiar e preocupações com a saúde, o que agravou quadros de transtornos emocionais. Embora os efeitos de longo prazo ainda estejam sendo estudados, já é evidente que essa fase acelerou a visibilidade e a necessidade de tratamento para esses transtornos.

Além dos efeitos da pandemia, outros fatores contribuem para o aumento da ansiedade, como as pressões sociais, acadêmicas e familiares, além do uso crescente de tecnologias e redes sociais, que têm mostrado um impacto direto na saúde mental de crianças e adolescentes.

O Brasil tem avançado em iniciativas para tratar a saúde mental infantojuvenil, como a ampliação do acesso a serviços de psicologia nas escolas públicas e programas de apoio psicológico em hospitais e clínicas. No entanto, a disponibilidade de tratamento ainda é desigual, com grande disparidade entre as regiões do país.

As estatísticas globais, segundo dados da Organização Mundial da Saúde (OMS), mostram que a ansiedade é um dos transtornos mais comuns entre crianças e adolescentes globalmente, afetando cerca de 7 a 10% dessa faixa etária. Isso representa um aumento significativo nos últimos anos, com algumas regiões observando um crescimento de até 20% nos casos registrados.

As razões para o aumento global dos casos de ansiedade infantojuvenil são complexas, mas incluem a globalização, a maior pressão por desempenho acadêmico, o impacto das redes sociais e o aumento das incertezas globais (como crises econômicas, mudanças climáticas e conflitos geopolíticos).

Países como os Estados Unidos, Reino Unido e países da União Europeia têm adotado programas de prevenção e intervenção mais robustos, com foco no cuidado psicológico precoce. A OMS, por exemplo, tem incentivado a integração de programas de saúde mental nas escolas, além de campanhas de conscientização para reduzir o estigma em torno dos transtornos emocionais.

Tecnologias como aplicativos de bem-estar mental, terapias on-line e recursos educacionais sobre saúde mental têm sido implementados em diversos países, para ajudar crianças e adolescentes a lidar com a ansiedade. Essa abordagem digital tem se mostrado promissora, principalmente em regiões com acesso limitado a serviços presenciais.

3. Uso de substâncias na adolescência e a ansiedade

O principal composto psicoativo da maconha, o THC (**tetra-hidrocanabinol**), pode ter efeitos variados na ansiedade, dependendo da dose e da sensibilidade individual. Em doses mais altas, o THC está frequentemente associado a um aumento da ansiedade, podendo até desencadear ataques de pânico em algumas pessoas. O uso de vape, que pode entregar uma alta concentração de THC de forma rápida, pode aumentar esse risco.

Em doses menores, alguns usuários relatam uma sensação de relaxamento e redução dos sintomas de ansiedade com o uso de maconha. No entanto, isso tende a ser temporário, e o uso contínuo pode aumentar a dependência e, em longo prazo, piorar os sintomas.

O uso de vape, especialmente com nicotina e THC, afeta diretamente o sistema de recompensa do cérebro e as regiões ligadas à regulação emocional, como o córtex pré-frontal e o sistema límbico. Pesquisas indicam que a exposição à nicotina durante a adolescência pode alterar a plasticidade cerebral, dificultando o desenvolvimento de mecanismos saudáveis de controle emocional. Da mesma forma, o THC afeta os receptores endocanabinoides, alterando o equilíbrio neuroquímico e promovendo alterações de humor, aumentando o risco de sintomas ansiosos.

Estudos longitudinais sugerem que adolescentes que usam vape ou maconha têm maior probabilidade de relatar sintomas de ansiedade e, em alguns casos, de desenvolver transtornos de ansiedade mais graves ao longo do tempo. A autoterapia, na qual adolescentes recorrem a essas substâncias a fim de aliviar sintomas ansiosos, acaba sendo contraproducente, criando um ciclo de uso contínuo para evitar desconforto emocional. Além disso, o uso precoce de substâncias pode levar a maior vulnerabilidade a transtornos de ansiedade no decorrer da vida. Pesquisas indicam que o consumo de substâncias altera o sistema de recompensa cerebral, levando o jovem a buscar cada vez mais essas substâncias para sentir alívio ou prazer. Isso impacta negativamente sua capacidade de enfrentar o estresse sem recorrer a estímulos externos.

Os resultados de estudos indicam que o uso de dispositivos de vape com nicotina está associado a um aumento significativo nos sintomas de ansiedade. Adolescentes que fazem uso regular de vape apresentam um aumento de comportamentos ansiosos, incluindo agitação e inquietação, relacionados ao efeito estimulante da nicotina no sistema nervoso central.

O consumo de maconha, especialmente com alto teor de THC, está associado a um aumento de sintomas ansiosos e a crises de pânico em adolescentes. Esses efeitos variam de acordo com a frequência e a quantidade consumida, sendo que o uso pesado está particularmente relacionado a maiores níveis de ansiedade e de vulnerabilidade a surtos psicóticos.

Além dos riscos em relação à saúde mental, devemos abordar os riscos à saúde física. O uso de cigarros eletrônicos, por exemplo, tem se tornado uma preocupação crescente em relação à saúde física dos adolescentes. Embora muitas vezes considerados uma alternativa mais segura ao tabagismo convencional, estudos científicos indicam que os vapes apresentam riscos significativos para os jovens. O sabor, o aroma e o formato são diferentes do cigarro convencional, mas os riscos à saúde são os mesmos. Foi criado como algo recreativo e para acessar a população jovem, mas também é derivado do tabaco e, por isso, causa a inalação de monóxido de carbono e outras substâncias prejudiciais ao organismo. Além disso, pode conter nicotina, uma droga que causa vício e morte, dependendo do fabricante. Um estudo recente da Universidade Metropolitana de Manchester revelou que o *vaping* pode ser tão prejudicial quanto o tabagismo.

Os efeitos na saúde física podem se manifestar de formas variadas. A dependência de nicotina, uma substância altamente viciante, pode afetar negativamente o desenvolvimento cerebral dos adolescentes, impactando áreas responsáveis pelo aprendizado, memória e controle de impulsos. Doenças respiratórias também são um risco, pois a inalação de substâncias presentes nos vapes pode causar inflamação e danos aos pulmões, aumentando o risco de doenças respiratórias. Além disso, há registros de lesões pulmonares conhecidas como EVALI (lesão pulmonar associada ao uso de produtos de cigarro eletrônico ou *vaping*). A exposição à nicotina e a outros compostos presentes nos vapes pode acarretar doenças cardiovasculares, elevando a pressão arterial e a frequência cardíaca, além do risco aumentado para o câncer. Outros sintomas relatados são tosse, dor torácica e dispneia, dor abdominal, náuseas, vômito, diarreia, febre, perda de peso.

Estudos mostram que transtornos de ansiedade e dependência de substâncias frequentemente ocorrem juntos. Em muitos casos, uma pessoa pode apresentar tanto um transtorno de ansiedade quanto um transtorno por uso de substâncias, o que torna o tratamento mais complicado e exige uma abordagem integrada para explanar ambos os problemas simultaneamente. Quando uma pessoa que usa substâncias regularmente tenta parar, os sintomas de abstinência podem incluir ansiedade severa. Isso é comum com drogas como o álcool, benzodiazepínicos e opiáceos, pelos quais a cessação pode resultar em crises de ansiedade aguda e outros sintomas de estresse.

O tratamento adequado costuma envolver terapia cognitivo-comportamental (TCC), medicações apropriadas e, quando necessário, programas de reabilitação e apoio psicossocial para tratar tanto o transtorno de ansiedade quanto a dependência química.

A exposição precoce ao vape e à maconha pode criar uma dependência emocional e física, tornando os adolescentes mais vulneráveis ao desenvolvimento de transtornos de ansiedade. Em outra vertente, a presença de fatores de resiliência, como suporte social, pode mitigar esses riscos, enfatizando a importância de intervenções psicológicas e educacionais para promover estratégias de enfrentamento saudáveis.

É fundamental que programas de prevenção incluam uma abordagem informativa e psicológica, alertando sobre os riscos do uso de vape e maconha para a saúde física e mental. As escolas e os serviços de saúde devem adotar campanhas de conscientização e programas de apoio para os jovens, enfatizando a importância de habilidades emocionais e formas saudáveis de lidar com a ansiedade.

Referências

FRIEDBERG, R. D.; MCCLURE, J. M.; MONTEIRO, C. *A prática clínica de terapia cognitiva com crianças e adolescentes*. Porto Alegre: Artmed, 2004.

GARCIA, L. E.; MARTINEZ, F. R. Cannabis consumption and adolescent mental health: a systematic review. *Psychiatry Research*, v. 276, p. 123-135, 2019.

LI, P.; CHIU, Y. L. The impact of THC on adolescent brain development and anxiety levels. [*S.l.*], v. 43, n. 3, p. 189-198, 2021.

ORGANIZAÇÃO PAN-AMERICANA DA SAÚDE. Perguntas e respostas: vape e outros cigarros eletrônicos. *OPAS*, 5 maio 2023. Disponível em: https://www.paho.org/pt/noticias/5-5-2023-perguntas-e-respostas-vape-e-outros-cigarros-eletronicos. Acesso em: 22 mar. 2025.

PETERSEN, C. S.; WAINER, R. *Terapias cognitivo-comportamentais para crianças e adolescentes*. Porto Alegre: Artmed, 2011.

SECRETARIA DE SAÚDE DO DISTRITO FEDERAL. Saúde pública alerta para os perigos do cigarro eletrônico. *Governo do Distrito Federal*, 8 fev. 2024. Disponível em: https://www.saude.df.gov.br/web/guest/w/saúde-pública-alerta-para-os-perigos-do-cigarro-eletrônico. Acesso em: 22 mar. 2025.

SMITH, A. B.; JONES, C. D. Nicotine vaping and anxiety in adolescents: a longitudinal study. *Journal of Adolescent Health*, v. 58, n. 2, p. 123-131, 2020.

STERN, C. E-cigarette users 'will be horrified to know the truth' about vaping, says author of new study. *New York Post*, 24 fev. 2025. Disponível em: https://nypost.com/2025/02/24/health/vaping-is-just-as-dangerous-as-smoking-new-study-finds/. Acesso em: 22 mar. 2025.

CAPÍTULO 02

Mutismo seletivo

Aspectos sensoriais e o transtorno na adolescência

Este capítulo se propõe a trazer informações consistentes sobre dois temas relacionados ao mutismo seletivo que, infelizmente, são escassos na literatura brasileira. O primeiro tema fala dos aspectos sensoriais que mutistas experimentam e que muitas vezes são confundidos com sintomas de transtorno do espectro autista (TEA). O segundo trará a temática do mutismo seletivo na adolescência, que traz efeitos deletérios impactando o adolescente e, se não devidamente tratado, se perpetua na vida adulta.

Francilene Torraca

FRANCILENE TORRACA

Neuropsicóloga e mestra em Psicologia, atua como diretora técnica da Clínica Escutare, no Rio de Janeiro. Coordena o projeto "Ansiedade e mutismo seletivo" e ministra um curso on-line sobre transtornos de ansiedade e mutismo seletivo. É autora de três livros sobre o tema. Possui graduação em Pedagogia e pós-graduação em Psicopedagogia.

Contatos: www.francilenetorraca.com.br
www.ansiedadeinfantil.com.br
Instagram: @psicologa_francilenetorraca
@ansiedadeemutismoseletivo
21 98890 9500

Mutismo seletivo e os aspectos sensoriais

Mutismo seletivo é um transtorno psiquiátrico persistente e debilitante no qual uma criança não consegue falar em situações em que é esperado. É um transtorno de ansiedade relativamente raro, subnotificado, mas altamente prejudicial, caracterizado por uma incapacidade persistente de falar em ambientes onde a fala e a socialização são esperadas (por exemplo, na escola ou nos ambientes sociais), apesar de demonstrar capacidade de falar em outros locais. Embora o mutismo seletivo (tratado a partir daqui pela sigla MS) afete cerca de apenas 1% das crianças e estudos estimem ocorrência de 1 a cada 143 crianças (Fonte: Selective Mutism Association), os desafios associados têm um impacto negativo em vários domínios da vida da criança, incluindo funcionamento social, desempenho acadêmico, familiar e de socialização. Os sintomas do MS geralmente têm impacto mais significativo no ambiente escolar, limitando a capacidade da criança de se comunicar efetivamente com professores, funcionários e/ou colegas, e muitas vezes comprometendo o desempenho acadêmico (Torraca *et al.*, 2025). Além disso, o *DSM-5* lista muitas características associadas ao mutismo seletivo que incluem não apenas características baseadas na ansiedade, mas também características temperamentais (timidez, negativismo), sociais (isolamento, retraimento) e de oposição (birras). Outras apresentações clínicas descritivas de mutismo seletivo incluíram referências a vários comportamentos externalizantes, como argumentatividade, desafio, mentira, oposição, recusa em frequentar a escola e acessos de raiva (Krohn *et al.*, 1992). Outros relataram irritabilidade, problemas de uso do banheiro, comportamento obstinado, desobediência escolar e choramingo (Steinhausen & Juzi, 1996; Ford *et al.*, 1998; Kumpulainen *et al.*, 1998; Omdal e Galloway, 2007). Traços de personalidade negativistas também foram descritos.

Fatores genéticos e ambientais parecem contribuir para a etiologia do MS na infância. As pesquisas pontuam que a prevalência é muito maior entre os pais de crianças com MS x pais de crianças sem MS. Além disso, taxas mais altas de MS foram encontradas em crianças bilíngues mostrando quase quatro vezes a taxa de MS em relação a crianças monolíngues (Peixoto, 2006). Inibição aumentada em ambientes sociais e padrões de acomodação dos pais podem promover ciclos negativos de evitação, perpetuando padrões reforçadores de comportamento não verbal ao longo do tempo.

A intervenção eficaz para a infância é de suma importância e de excelente prognóstico. Se não for tratado, o mutismo seletivo pode se tornar inadvertidamente reforçado e, consequentemente, resistente à intervenção. Quanto mais velha a criança se torna, maior a probabilidade de o transtorno ser mais difícil de tratar; portanto, a identificação precoce pode levar a uma intervenção mais rápida, o que pode prevenir ou limitar o comprometimento funcional.

O MS geralmente começa na primeira infância – entre dois e cinco anos de idade, mas a condição muitas vezes não é diagnosticada até por volta dos cinco anos de idade, ou mais ou menos na entrada da educação infantil, ou no 1º ano do ensino fundamental. No entanto, de acordo com a última edição do *DSM-5-TR*, o MS pode ser diagnosticado em crianças e adolescentes, bem como em adultos, desde que seja um tipo de transtorno de ansiedade, não um sintoma de psicose, transtornos do desenvolvimento, neurológicos ou da fala. Semelhantemente a outros transtornos de ansiedade, o MS apresenta altas taxas de comorbidade, com o transtorno de ansiedade social, o transtorno de ansiedade generalizada e o transtorno de ansiedade de separação.

Devido à sua apresentação única e rara e à longa história de incompreensão do MS, muitas crianças afetadas têm sido historicamente diagnosticadas erroneamente como tendo um distúrbio de linguagem, atraso no desenvolvimento, deficiência intelectual e/ou transtorno do espectro autista.

A terapia de exposição para o MS – principalmente a infantil – muitas vezes coloca maior ênfase nos aspectos comportamentais, em vez de cognitivos, no tratamento. As estratégias comportamentais para tratar o MS infantil concentram-se principalmente em remodelar o contexto do comportamento verbal e ajustar a realidade comunicacional que a criança tem vivenciado nos ambientes sociais, com o objetivo de promover maiores atos de comunicação verbal e não verbal. Os prejuízos que encontramos nas crianças que não recebem intervenção precoce estão geralmente relacionados a um funcionamento executivo limitado, atenção restrita e habilidades organizacionais pobres – funções essas de suma importância e que caracterizam o desenvolvimento cognitivo da primeira infância. Por todas essas razões, as abordagens baseadas na família – ou pelo menos os tratamentos que incluem um componente parental significativo – são indicados para o tratamento do MS.

A heterogeneidade do mutismo seletivo também é representada pelos muitos pacotes de tratamento multimodal que pesquisadores e outros têm usado para melhor explicar as diferentes características dessa população. Elementos comuns de intervenção incluem práticas baseadas em exposição, terapia de grupo, gerenciamento de contingência, modelagem e desvanecimento de estímulo (Peixoto, 2006). O uso de tecnologia digital muitas vezes também faz parte dessas intervenções. Esses elementos são projetados para melhorar a frequência da fala e para melhorar comportamentos e dinâmicas concorrentes que interferem na fala apropriada (Peixoto, Torraca & Ganem, 2022).

Trazer cada vez mais visibilidade para o MS é de suma importância em um cenário em que pouquíssimos terapeutas sabem dar a condução terapêutica devida no tratamento deste transtorno. Terapeutas que não possuem experiência mínima para trabalhar com crianças mutistas vão passar por situações como: fazer muitas perguntas à criança e de forma não adequada, gerando mais constrangimento e não obtendo respostas; utilizar materiais comuns em intervenções infantis e, por mais que insistam, a criança não fala; adotar abordagens de tratamento em forma de monólogo ou apresentação unidirecional com pouco ou nenhum envolvimento ou interatividade com a criança.

Ambos os padrões terapêuticos tendem a acomodar e exacerbar a evitação verbal da criança, assim como a falha em envolver a criança de forma significativa no tratamento, desencorajando ou trazendo ruído na aliança terapêutica. Para além disso, deixa o terapeuta se sentindo ineficaz, o que resulta em uma melhora limitada ou nenhuma do MS. A título de conhecimento para a comunidade escolar, pais e terapeutas, outro fator de extrema relevância diz respeito às questões sensoriais que muitas dessas crianças experimentam.

Aspectos sensoriais foram relatados em manifestações como seletividade alimentar, sensibilidade a multidões, luzes (cobrindo os olhos, evitando a exposição), sons altos (tapando os ouvidos, percebendo ruídos que parecem altos) e toque (desconforto ao esbarrar em outras pessoas, escovar o cabelo, usar etiquetas, meias etc.). As crianças com MS apresentam alta sensibilidade sensorial, sendo extremamente perceptivas aos estímulos do ambiente. Também podem apresentar dificuldades de autorregulação caracterizadas por comportamentos desafiadores, desobedientes, facilmente frustrados, teimosos e inflexíveis. O comportamento mudo e retraído em crianças com MS pode ser potencializado pelas alterações sensoriais que algumas experimentam.

Shipon-Blum *et al.* relatam que especificamente no processamento auditivo, tendo alteração, há impacto negativo na sua capacidade de falar. As anormalidades do processamento auditivo apresentam-se com sensibilidade a barulhos e na sua capacidade de fala.

A disfunção na responsividade sensorial, especialmente na área auditiva, tem sido associada a numerosos transtornos de saúde mental; e a ansiedade é uma delas. Além disso, a pesquisa sugeriu que uma parte do sistema auditivo em crianças com MS pode não funcionar de maneira usual, fazendo com que a própria voz cause superestimulação, o que leva ao afastamento das interações sociais. Deve-se considerar a implementação de intervenções com a terapia ocupacional, incluindo tratamentos de integração sensorial (Arie *et al.*, 2007; Muchnik *et al.*, 2013). No caso dos prejuízos sensoriais, deficiências estão presentes em pacientes com MS.

A ansiedade pode ser entendida como uma reação super-responsiva a estímulos sensoriais ou como uma reação de resposta aos hormônios do estresse que, por sua vez, pode levar à sobrecarga sensorial. Uma vez que a causa da relação entre ansiedade e TPS ainda não foi estabelecida, um exame completo do perfil sensorial individual é de grande importância.

Muitas crianças com MS apresentam melhora clínica e redução dos desconfortos sensoriais com o uso da medicação, que ajuda a regular os níveis de ansiedade neuroquimicamente.

No estudo de Torraca *et al.* (2025), destaca-se que os pais desempenham papel crucial na extinção do MS, ao se tornarem agentes ativos na intervenção. A pesquisa sugere que, ao entenderem a natureza do transtorno e as dinâmicas familiares envolvidas, os pais podem modificar suas abordagens e comportamentos, promovendo um ambiente mais favorável à comunicação. Além disso, aspectos sensoriais, como a percepção de sons e estímulos do ambiente, podem influenciar a ansiedade das crianças, contribuindo para a dificuldade de se expressar. A voz estranha ou a alteração na forma de falar, frequentemente observadas em crianças com MS, podem ser intensificadas por essas sensibilidades. Portanto, a interação positiva e o suporte emocional dos pais são essenciais para reduzir essa ansiedade, incentivando-as a se expressarem verbalmente em situações sociais. A capacitação dos pais e a implementação de estratégias efetivas em casa podem facilitar a superação do MS, reforçando a ideia de que a participação ativa da família é fundamental para o sucesso do tratamento.

Adolescente com mutismo seletivo

O mutismo seletivo geralmente é percebido quando uma criança inicia a pré-escola ou a educação infantil. Mas, quando um aluno do ensino fundamental ou médio tem MS, é seguro presumir que ele ou ela vive com mutismo seletivo há muitos anos. As crianças menores que recebem tratamento imediato e apropriado fazem grandes progressos. Mas a informação sobre o MS ainda não está tão amplamente disponível como deveria. Educadores, médicos e psicólogos muitas vezes não conseguem reconhecer o MS ou como poderiam ajudar as crianças nesta condição. Consequentemente, muitas crianças não recebem diagnóstico precoce ou apoio adequado. Depois de muitos anos praticando essa evitação, uma criança com MS pode evoluir para um adolescente que é muito hábil em **não** falar.

Adolescentes podem nunca ter recebido nenhuma intervenção adequada, sendo submetidos a terapias, mas não a específica para o MS, o que significa que estamos diante de um reforço negativo. Em vez de serem ajudados a controlar a ansiedade e a sentirem-se mais confortáveis na escola, podem ter sido pressionados a fazer aquilo que mais temiam: falar. Ao longo dos anos, desenvolveram padrões de comportamento arraigados e mecanismos de enfrentamento desadaptativos, por meio dos quais evitam situações que os deixam ansiosos. Não falar tornou-se um hábito difícil de abandonar. Eles começam a se ver como "a criança que não fala", assim como muitas pessoas ao seu redor. O medo de receber atenção caso comecem a falar torna mais difícil imaginar uma mudança. Eles também podem ter desenvolvido medo de ter sua voz ouvida.

Estudos recentes pontuam que devido às alterações no processamento sensorial auditivo, mutistas ouvem a sua voz de maneira estranha. Adultos que chegam à vida adulta vivenciando o MS relatam que a voz soa estranha. As crianças mais velhas com MS muitas vezes ficam atrás dos seus pares em termos de competência social porque tiveram menos experiência com colegas e adultos. Os planos de tratamento para a criança mais velha devem levar em conta essas complicações.

A família do adolescente mutista vem tentando fazê-lo falar há anos. O adolescente tem um entendimento de que falha repetidamente em atender às expectativas na escola e no contexto social. Normalmente, são cautelosos, discretos, mas com plena consciência da pressão que está à sua volta para que fale. Evitam chamar a atenção e aprenderam a esconder a aparência de ansiedade; enquanto as crianças mais novas podem congelar e mostrar uma expressão vazia, os adolescentes parecem estar tranquilos, mesmo quando não estão.

Em resumo, adolescentes desenvolveram perfis mais complexos em função das experiências que vivenciaram e por fatores de estresse ambientais. Os seus perfis individuais tendem a apresentar mais variações do que os das crianças mais novas e o tratamento necessita de ser adaptado a cada indivíduo. O progresso desses pacientes mais velhos, com oito, nove, dez anos tende a ser mais difícil e bem lento. Diferentes estratégias e intervenções são necessárias para crianças maiores ou adolescentes. Consideremos, por exemplo, uma estratégia de desvanecimento, em que uma criança fala primeiro com um dos pais em uma sala privada da escola e, ao longo do tempo, outros indivíduos são gradualmente atraídos para o grupo de conversação. Isso geralmente acontece com uma criança menor. As crianças mais velhas, por outro lado, desenvolveram uma autoimagem de não comunicantes ou não falantes e reconheceriam a situação como uma configuração destinada a fazê-las falar.

A estratégia de desvanecimento geralmente não funciona para essa faixa etária. Tratar adolescentes com MS requer do profissional terapeuta muita perspicácia e conhecimento. A criança mais velha ou adolescente precisa estar ativamente envolvida e no controle da sua terapia, que visa ajudá-los a reconhecer a sua ansiedade e a dar passos pequenos e controlados em situações da vida real. É fundamental que a abordagem do tratamento desse adolescente seja abrangente e bem planejada, visando à eficácia. Um adolescente com MS pode exigir um tratamento mais intensivo – por exemplo, agendar mais horas de tratamento em uma semana em vez de sessões semanais de uma hora ao longo de muitos meses. Um tratamento mais intensivo pode criar mais impulso nas exposições à ansiedade e permitir maiores ganhos em um curto período de tempo. As exposições para adolescentes podem se concentrar em habilidades da vida real, como ensaiar perguntas para entrevistas, praticar apresentações ou fazer uma pergunta no supermercado, farmácia ou loja de preferência.

Nas crianças menores, a medicação para reduzir a ansiedade produz frequentemente resultados rápidos e efetivos. Com adolescentes que têm muitos hábitos para desaprender, a medicação é, muitas vezes, um complemento importante à terapia comportamental, mas muitos profissionais já entenderam que ela não é tão eficaz por si só.

Para adolescentes, a ideia de mudar hábitos antigos e de se exporem a situações que provocam ansiedade é assustadora e pode torná-los bastante resistentes à terapia. Elisa Shipon-Blum, diretora médica do Grupo de Mutismo Seletivo e de Ansiedade Infantil, observou que se uma criança não é verbal na escola aos oito ou nove anos de idade, é improvável que ela fale na escola até, pelo menos, o ensino médio e possivelmente mais tarde. Para os alunos dessa faixa etária, ela sugere que a ênfase seja em ajudar o aluno a realizar seu potencial acadêmico e a permanecer socialmente conectado. Isso normalmente exigirá flexibilidade em relação à avaliação e à participação.

O estudo de Peixoto, Torraca & Ganem (2022) destaca os problemas acadêmicos que podem surgir em decorrência do mutismo seletivo, especialmente em crianças que enfrentam essa condição em ambientes escolares. O mutismo seletivo não apenas impede a comunicação verbal em contextos sociais, mas também pode afetar o desempenho acadêmico, uma vez que a participação em atividades de sala de aula e a interação com professores e colegas são comprometidas. A dificuldade em se expressar pode levar a uma falta de engajamento nas atividades escolares, prejudicando o aprendizado e a socialização. Assim, é essencial que as intervenções terapêuticas sejam implementadas, visando não apenas à eliciação da fala, mas também à promoção de um ambiente educacional mais inclusivo e acolhedor, que considere as necessidades emocionais e sociais dos alunos com mutismo seletivo.

A autoconsciência do aluno geralmente se estende a situações além da fala e afeta a comunicação não verbal e verbal. Em geral, o aluno com MS acha muito mais fácil responder a outro indivíduo do que iniciar a comunicação. Esse jovem que é capaz de responder à pergunta de um professor (verbalmente, por escrito ou com um gesto) pode não conseguir iniciar uma fala com esse mesmo professor para fazer uma pergunta ou contribuir para uma discussão em classe. Ele ou ela pode não conseguir levar um bilhete à secretaria, retirar um livro da biblioteca ou fazer uma compra na lanchonete. MS tem um impacto acadêmico e social, e os alunos podem se sentir excluídos devido à sua incapacidade de interagir.

Conclusão

A avaliação dos aspectos sensoriais em crianças e adolescentes com mutismo seletivo é essencial para um diagnóstico preciso e um tratamento adequado. Compreender como esses indivíduos processam os estímulos do ambiente permite diferenciar essa condição de outros transtornos, como o autismo, evitando equívocos que possam comprometer a abordagem terapêutica. Ao reconhecer e atender suas necessidades sensoriais, cria-se um caminho mais eficaz para sua comunicação e bem-estar. Assim, garantir um olhar especializado é fundamental para que essas crianças não permaneçam em silêncio, mas sejam verdadeiramente compreendidas.

Mutismo seletivo em adolescentes é uma condição complexa de ansiedade que requer compreensão, suporte profissional e intervenções especializadas. Ao reconhecer as causas, sintomas e impactos potenciais na vida dos adolescentes, podemos fornecer tratamento e suporte apropriados para o sucesso em longo prazo.

Embora opções de tratamento como terapia cognitivo-comportamental possam ser muito eficazes, o plano de tratamento deve ser individualizado para as necessidades específicas do seu adolescente. O terapeuta deve levar em conta as razões subjacentes para o mutismo seletivo e o quão motivado seu paciente adolescente está para superá-lo.

Referências

AMERICAN PSYCHIATRIC ASSOCIATION. *Diagnostic and statistical manual of mental disorders (DSM-5)*. Washington, DC: APA Publishing, 2022.

ANXIETY CANADA. Selective mutism. *Anxiety Canada*, [s.d.]. Disponível em: www.anxietycanada.com/disorders/selective-mutism/. Acesso em: 13 fev. 2025.

ARIE, M. *et al.* Reduced auditory processing capacity during vocalization in children with selective mutism. *Biological Psychiatry*, v. 61, n. 3, p. 419-421, 2007. Doi: 10.1016/j.biopsych.2006.02.020.

BAR-HAIM, Y. *et al.* Reduced auditory efferent activity in childhood selective mutism. *Biological Psychiatry*, v. 55, n. 11, p. 1061-1068, 2004. Doi: 10.1016/j.biopsych.2004.02.021.

BLAU, R. Info: older children & teens. *SMIRA*, 11 set. 2017. Disponível em: www.selectivemutism.org.uk/info-older-children-teens/. Acesso em: 17 fev. 2025.

BOORADY, R. When should medication be used to treat selective mutism? *Child Mind Institute*, 17 jan. 2020. Disponível em: https://childmind.org/article/when-should-medication-be-used-to-treat-selective-mutism/. Acesso em: 13 fev. 2025.

FORD, M. A. *et al.* Selective mutism: phenomenological characteristics. *School Psychology Quarterly*, v. 13, n. 3, p. 192-227, 1998. Doi: 10.1037/h0088982.

HENKIN, Y.; BAR-HAIM, Y. An auditory-neuroscience perspective on the development of selective mutism. *Developmental Cognitive Neuroscience*, v. 12, p. 86-93, 2015. Doi: 10.1016/j.dcn.2015.01.002.

HENKIN, Y. *et al.* P50 suppression in children with selective mutism: a preliminary report. *Journal of Abnormal Child Psychology*, v. 38, n. 1, p. 43-48, 2010. Doi: 10.1007/s10802-009-9346-9.

JACOBI, F. *et al.* Prevalence, co-morbidity and correlates of mental disorders in the general population: results from the German Health Interview and Examination Survey (GHS). *Psychological Medicine*, v. 34, n. 4, p. 597-611, 2004. Doi: 10.1017/S0033291703001399.

KOŁAKOWSKI, A.; LIWSKA, M.; WOLAŃCZYK, T. Elective mutism in children: literature review. *Psychiatria Polska*, v. 30, n. 2, p. 233-246, 1996. Disponível em: https://pubmed.ncbi.nlm.nih.gov/8650285/. Acesso em: 22 mar. 2025.

KOPP, S.; GILLBERG, C. Selective mutism: a population based study. *Journal of Child Psychology and Psychiatry, and Allied Disciplines*, v. 38, n. 2, p. 257-262, 1997. Doi: 10.1111/j.1469-7610.1997.tb01859.x.

KRISTENSEN, H. Multiple informants' report of emotional and behavioural problems in a nationwide sample of selective mute children and controls. *European Child and Adolescent Psychiatry*, v. 10, n. 2, p. 135-142, 2000. Doi: 10.1007/s007870170037.

KROHN, D. D.; WECKSTEIN, S. M.; WRIGHT, H. L. A study of the effectiveness of a specific treatment for elective mutism. *Journal of the American Academy of Child and Adolescent Psychiatry*, v. 31, n. 4, p. 711-718, 1992. Doi: 10.1097/00004583-199207000-00020.

KRYSANSKI, V. L. A brief review of selective mutism literature. *The Journal of Psychology*, v. 137, n. 1, p. 29-40, 2003. Doi: 10.1080/00223980309600597.

KUMPULAINEN, K. *et al.* Selective mutism among second-graders in elementary school. *European Child and Adolescent Psychiatry*, v. 7, n. 1, p. 24-29, 1998. Doi: 10.1080/00223980309600597.

KURTZ, S. How can you help a 16-year-old who still has selective mutism? *Child Mind Institute*, 26 out. 2016. Disponível em: https://childmind.org/article/how-can-you-help-a-16-year-old-who-still-has-selective-mutism/. Acesso em: 13 fev. 2025.

MUCHNIK, A. S.; TAYLOR, S. J. Social influence bias: a randomized experiment. *Science*, v. 341, n. 6146, p. 647-651, 2013. Disponível em: Doi: 10.1126/science.1240466. PMID: 23929980. Acesso em: 28 abr. 2025.

PEIXOTO, A. C. de A. *Mutismo seletivo*: prevalência, características associadas e tratamento cognitivo-comportamental. 2006. 215 f. Tese (Doutorado) – Curso de psicologia, Instituto de Psicologia, Universidade Federal do Rio de Janeiro, Rio de Janeiro, 2006.

PEIXOTO, A. C. A.; TORRACA, F. GANEM, N. Relato de intervenção para eliciação da fala no tratamento de mutismo seletivo em um paciente portador de transtorno de espectro autista, no período de pandemia de Covid-19. *Revista Brasileira de Terapias Cognitivas* v. 18, n. 2, p. 223-230, 2022. Doi: 10.5935/1808-5687.20220020.

PUŻYŃSKI, S.; WCIÓRKA, J. *Klasyfikacja zaburzeń psychicznych i zaburzeń zachowania w ICD-10*: opisy kliniczne i wskazówki diagnostyczne. Krakow-Warsaw: University Medical Publishing House "Vesalius". Institute of Psychiatry and Neurology, 2000.

OMDAL, H.; GALLOWAY, D. Could selective mutism be re-conceptualised as a specific phobia of expressive speech? An exploratory post-hoc study. *Child and Adolescent Mental Health*, v. 13, n. 2, p. 74-81, 2008. Doi: 10.1111/j.1475-3588.2007.00454.x.

SHARP, W. G.; SHERMAN, C.; GROSS, A. M. Selective mutism and anxiety: a review of the current conceptualization of the disorder. *Journal of Anxiety Disorders*, v. 21, n. 4, p. 568-579, 2007. Doi: 10.1016/j.janxdis.2006.07.002.

SHIPON-BLUM, E. *et al.* Sensory processing patterns in selective mutism using the sensory profile. *In*: SELECTIVE MUTISM GROUP. *Childhood Anxiety Network Conference*, Manhattan Beach, EUA. [on-line]. Disponível em: https://selectivemutismcenter.org/selective-mutism-research/. Acesso em: 22 mar. 2025.

STEINHAUSEN, H. C.; JUZI, C. Elective mutism: an analysis of 100 cases. *Journal of the American Academy of Child and Adolescent Psychiatry*, v. 35, n. 5, p. 606-614, 1996. Doi: 10.1097/00004583-199605000-00015.

TORRACA, F. *et al. Mutismo seletivo*: orientação para pais, educadores, terapeutas e curiosos. 1. ed. São Paulo: Editora Literando, 2021.

TORRACA, F. *et al.* Avaliação de crianças com mutismo seletivo e funcionamento de pais. *Caderno Pedagógico*, v. 22, n. 4, e14142, 2025. Doi: 10.54033/cadpedv22n4-152.

VIANA, A. G.; BEIDEL, D. C.; RABIAN, B. Selective mutism: a review and integration of the last 15 years. *Clinical Psychology Review*, v. 29, n. 1, p. 57-67, 2009. Doi: 10.1016/j.cpr.2008.09.009.

WITTCHEN, H. U. Critical issues in the evaluation of comorbidity of psychiatric disorders. *The British Journal of Psychiatry Supplement*, v. 30, p. 9-16, 1996. Disponível em: https://pubmed.ncbi.nlm.nih.gov/8864144/. Acesso em: 22 mar. 2025.

CAPÍTULO 03

Definição, diagnóstico e abordagem multidisciplinar do mutismo seletivo

Apresentamos um caso de mutismo seletivo na primeira infância. Esse é um transtorno de ansiedade social em que a pessoa falha ao falar em algumas ocasiões. Utilizou-se terapia cognitivo-comportamental. Realizamos treinamento de habilidades sociais, dessensibilização, modelação, psicoeducação etc. Os resultados apontaram diminuição dos sintomas. Salienta-se a importância do diagnóstico precoce.

Alexandre de Aquino Câmara e
Daniela Dias Furlani Sampaio

ALEXANDRE DE AQUINO CÂMARA

É psiquiatra e especialista em Terapia Cognitivo-comportamental (TCC) geral pela Unichristus e infantil pelo CTC Veda. Mestre em Farmacologia Clínica pela UFC, atua como chefe do Serviço de Psiquiatria do Hospital Geral de Fortaleza. É docente do curso de Medicina da Unichristus e preceptor da residência em Psiquiatria da Infância e Adolescência no Hospital de Saúde Mental Prof. Frota Pinto. Possui formação em Terapia do Esquema pela Wainer Psicologia. Atualmente, é diretor técnico da Clínica Centro da Mente.

Contatos: www.clinicacentrodamente.com.br
aquinopsi@gmail.com
Instagram: @aquinopsi

DANIELA DIAS FURLANI SAMPAIO

É psicóloga e especialista em Terapia Cognitivo-comportamental (TCC) geral pela Unichristus e infantil pelo CTC Veda. Mestre e doutora pela UFC, com titulação em Psicologia e Educação, respectivamente. Atua como professora de pós-graduação em Terapia Cognitivo-comportamental na UNIFOR e na Unichristus. Possui formação em Terapia do Esquema pela Wainer Psicologia e é sócia da Clínica Centro da Mente. Atualmente, trabalha como terapeuta Cognitivo-comportamental e do Esquema.

Contatos: psifurlanidaniela@gmail.com
Instagram: @psifurlanidaniela

Introdução

O mutismo seletivo (MS) é um transtorno de ansiedade que afeta predominantemente crianças, caracterizado pela incapacidade persistente de falar em situações sociais específicas, como na escola ou em eventos sociais, apesar de a criança ser verbalmente ativa em outros contextos, como em casa.

De acordo com a *American Psychiatric Association* (APA), o MS é classificado no DSM-5 como um transtorno de ansiedade, sendo essa incapacidade de falar compreendida como uma resposta ao medo social, e não uma escolha voluntária (APA, 2013). Reconhecimento precoce e intervenção adequada são essenciais para melhorar o prognóstico e reduzir as consequências negativas ao longo da vida, como isolamento social e baixo desempenho escolar.

Epidemiologia

Estima-se que a prevalência do MS varie entre 0,1% e 2,2% em crianças em idade escolar, dependendo da população estudada e dos critérios diagnósticos utilizados (Rozenek *et al.*, 2020; Bergman *et al.*, 2002). O transtorno geralmente se manifesta entre os dois e cinco anos de idade, muitas vezes coincidindo com a entrada na escola, na qual as demandas sociais aumentam e a criança é mais exigida em termos de comunicação verbal.

Embora o MS seja mais comum em meninas, com uma proporção de aproximadamente 2:1, também é mais prevalente em famílias nas quais há histórico de transtornos de ansiedade.

Sintomas e diagnóstico

Os principais sintomas do mutismo seletivo incluem a inibição verbal significativa em contextos sociais, como na escola ou em eventos públicos, enquanto a criança consegue falar normalmente em ambientes familiares ou com pessoas de seu convívio diário (APA, 2013). Essa discrepância entre os ambientes é uma característica central do diagnóstico, sendo que a condição deve persistir por pelo menos um mês, conforme os critérios do DSM-5.

Além da inibição verbal, as crianças com MS podem adotar estratégias alternativas de comunicação, como o uso de gestos, expressões faciais ou sussurros. Em casos mais graves, elas chegam a evitar qualquer tipo de interação social, o que pode resultar em isolamento progressivo (Rozenek *et al.*, 2020).

Aproximadamente 50% das crianças com MS apresentam transtornos de comunicação associados, o que exacerba os desafios acadêmicos e sociais (Rozenek *et al.*, 2020). A avaliação diagnóstica envolve a coleta de informações detalhadas de pais, professores e cuidadores, além da observação direta dos comportamentos da criança em diferentes contextos.

Etiologia e fatores contribuintes

A etiologia do MS é complexa e multifatorial, envolvendo interações entre fatores genéticos, temperamentais, neurodesenvolvimentais e ambientais. Crianças com familiares próximos que sofrem de transtornos de ansiedade, especialmente transtorno de ansiedade social, têm maior probabilidade de desenvolvê-lo (Black & Uhde, 1995). Variantes no gene CNTNAP2, que está associado à ansiedade social e à comunicação, podem estar relacionadas ao desenvolvimento dessa condição (Stein *et al.*, 2011).

O temperamento inibido, caracterizado por uma resposta excessivamente cautelosa a novas situações, está presente em cerca de 85% das crianças com MS (Steinhausen & Juzi, 1996). Além disso, fatores ambientais, como o estilo parental superprotetor, podem contribuir para a manutenção dos comportamentos de evitação e inibição verbal.

A prevalência de MS é mais alta entre crianças imigrantes ou bilíngues, possivelmente devido a maior exposição a situações desafiadoras em termos de comunicação (Elizur & Perednik, 2003).

Comorbidades

As comorbidades são comuns em casos de MS, sendo os transtornos de ansiedade os mais frequentes. Cerca de 68% das crianças com MS também apresentam ansiedade social (Kristensen, 2000). Além disso, transtornos de ansiedade de separação e transtorno de ansiedade generalizada são frequentemente diagnosticados em conjunto.

Tratamento

O tratamento do mutismo seletivo envolve uma abordagem multidisciplinar, combinando intervenções psicossociais e, em alguns casos, farmacoterapia. A terapia cognitivo-comportamental (TCC) é considerada a intervenção de escolha para MS, com ênfase na exposição gradual às situações que exigem fala e na modificação de pensamentos disfuncionais associados à ansiedade (Bergman *et al.*, 2013).

A terapia comportamental integrada é uma modalidade eficaz, que envolve a participação ativa de pais e professores. Nessa abordagem, a criança é gradualmente exposta a situações de comunicação e recompensada por seus progressos, mesmo que pequenos, no ambiente escolar e social. Além disso, o uso de reforço positivo tem demonstrado ser eficaz no estímulo à comunicação (Bergman *et al.*, 2013).

Em casos mais graves, o uso de inibidores seletivos da recaptação de serotonina (ISRS), como a fluoxetina e a sertralina, pode ser indicado.

Evidências mostram que o uso de ISRS em crianças com MS, especialmente em comorbidade com ansiedade social, pode facilitar a terapia comportamental, reduzindo os níveis de ansiedade e promovendo a fala (Dummit *et al.*, 1996). No entanto, a farmacoterapia deve ser monitorada devido aos potenciais efeitos colaterais e à necessidade de ajustes individuais nas dosagens.

Prognóstico

O prognóstico do MS depende da gravidade dos sintomas e da precocidade da intervenção. Quando o transtorno é tratado adequadamente desde a infância, os resultados tendem a ser mais favoráveis, com muitos pacientes apresentando remissão completa dos sintomas de mutismo. No entanto, mesmo após o desaparecimento dos sintomas de MS, muitas crianças continuam a enfrentar desafios relacionados à ansiedade social e à comunicação em contextos públicos.

Crianças com MS têm maior risco de desenvolver transtornos de ansiedade na adolescência e na vida adulta, especialmente transtorno de ansiedade social (Yeganeh *et al.*, 2003). Estudos sugerem que o MS pode desaparecer com o tempo, geralmente dentro de oito anos após o diagnóstico, mas o comportamento evitativo e a timidez extrema podem persistir, afetando a capacidade da criança de formar relacionamentos e ter sucesso acadêmico e profissional (Steinhausen *et al.*, 2006).

Caso Orquídea

Em janeiro de 2023, Orquídea começa a terapia aos três anos e dez meses, encaminhada pelo psiquiatra com diagnóstico de mutismo seletivo. A criança cursava o Infantil 4. Na escola, quase não falava e quando o fazia, era com as mãos na boca e baixo. Fora da escola, falava normalmente com pais e familiares e no contexto social ficava retraída e muito observadora. Ainda não tinha completado o desfralde. Se intimidava em pedir às professoras para ir ao banheiro e costumava ir de fralda para escola. Sempre demonstrou gostar da escola. No consultório, nos três primeiros meses, entrava na presença de um dos pais. Depois aceitou entrar sozinha e se comunicava com voz baixinha com a terapeuta. No plano de tratamento, optamos por terapia cognitivo-comportamental e abordagem integrativa do MS envolvendo pais, professores, comunidade escolar, terapeuta, psiquiatra e supervisão com especialista em MS (Torraca, 2021).

Sessão inicial com terapeuta e evolução do tratamento

Desde o início, estabeleceu bom vínculo terapêutico. A terapeuta mostrou cartas do *Baralho das emoções* (Caminha & Caminha, 2008) e Orquídea escolheu a carta do medo e disse baixinho, com mão na boca, que sentia "vergonha". O reconhecimento e a expressão das emoções foram estimulados. Ela gostava de brincar de casinha com bonecos que representavam dinâmicas de sua vida pessoal e social. A brincadeira de faz de conta teve um papel especial para Orquídea, que demonstrou uma facilidade e inclinação para projetar suas dificuldades e questões significativas nesse cenário. Ela representava pessoas de sua vida pessoal e algumas com "dificuldades em falar". Aqui, percebe-se o "jogo de papéis" como forma de a criança compreender os papéis sociais e, conforme cita os temas "casinha" e "escolinha", ganha dimensão importante na fase do desenvolvimento de crianças de cinco a seis anos (Szymanski, 2020).

Durante as sessões no consultório, a criança contava para a terapeuta suas novidades baixinho e com a mão na boca. Com três meses de sessão, utilizamos adesivos para colar quando conseguia fazer xixi no vaso em casa. Com isso, por meio do uso de reforço positivo, usou-se de maneira lúdica e adaptada ao repertório de Orquídea uma forma de estimulá-la ao desfralde.

Ainda no faz de conta, brincando de escolinha, surgiram outras crianças na rodinha em sala de aula contando novidades. Ela assumiu a voz de todos. A terapeuta era a professora e pedia para encontrarem as letras iniciais de seus nomes. A terapeuta disse que uma amiga não sabia fazer a tarefa e tinha vergonha. Logo, Orquídea assumiu a voz da professora e disse que não tinha problema e que iria ajudá-la. Aqui, percebemos uma inversão de papéis. A criança perguntou se os alunos queriam ir ao banheiro, e ela, assumindo a voz de todos, os levou para fazer xixi. A evolução da criança se apresentando mais segura quanto às suas expressões foi acontecendo gradativamente. Ao passo que, na brincadeira, Orquídea deu voz a todos os personagens, na vida real estava se aproximando de momentos de segurança para usar a própria voz.

Ansiedade aparece em sessão

Durante as sessões, usou-se de treino de habilidades sociais com dessensibilização sistemática, modelagem, modelação, psicoeducação sobre MS, reforço positivo e treino comportamental. Diante de perguntas abertas feitas pela terapeuta, Orquídea expressava na face tensão e desespero. Nesse momento, a terapeuta usava a "regra dos cinco segundos" (Perednik, 2022) e esperava resposta. Gradualmente, o relaxamento aconteceu e a expressão facial ficou mais leve.

Depois da fase inicial de tratamento, deu-se na escola o início da intervenção utilizando a técnica *Sliding-In* (atividade planejada e em pequenos passos). Essa consiste em colocar a criança com MS para falar com uma pessoa confiável (ponte comunicacional), que pode ser o pai ou a mãe, terapeuta ou uma pessoa com quem já fale.

Visando à comunicação oral com a professora, estimulou-se de forma gradual a troca de vídeos e áudios entre a professora e a criança, e posteriormente a visita da professora em sua casa. Para auxiliar a criança a iniciar fala com amigos, oportunizou-se tardes de brincadeiras em casa com as amigas da escola.

Aos poucos, Orquídea ganhava "cores". Demonstrava mais autoconfiança e mais desejo de continuar enfrentando a dificuldade de se expressar em ambiente escolar.

Evolução do tratamento: os passos de Orquídea

Com um ano de terapia, uma vez por semana no consultório e três vezes por semana na escola, a criança apresentou fala fluida durante as sessões na clínica, fala audível nas sessões em pequenos grupos na sala externa da escola, e expressão com gestos, sussurrando ou falando baixinho no ouvido da professora na sala de aula. O tratamento segue em curso com a meta de fala fluida da criança em todo o ambiente escolar.

Conclusão

O mutismo seletivo é um transtorno de ansiedade que exige uma abordagem diagnóstica e terapêutica abrangente, envolvendo profissionais de diferentes áreas. A identificação precoce dos sintomas e o início da intervenção, com foco em técnicas de exposição gradual e na modificação de padrões de pensamento disfuncionais, são cruciais para melhorar o prognóstico. A combinação de tratamentos psicossociais e farmacológicos (em casos graves), aliados ao suporte familiar e educacional, é essencial para o sucesso terapêutico.

Referências

AMERICAN PSYCHIATRIC ASSOCIATION. *Diagnostic and statistical manual of mental disorders (DSM-5)*. Washington, DC: APA Publishing, 2022.

BERGMAN, R. L. *et al.* Integrated behavior therapy for selective mutism: a randomized controlled pilot study. *Behavior Research and Therapy*, v. 51, n. 10, p. 680-689, 2013. Doi: 10.1016/j.brat.2013.07.003.

BERGMAN, R. L.; PIACENTINI, J.; MCCRACKEN, J. T. Prevalence and description of selective mutism in a school-based sample. *Journal of the American Academy of Child & Adolescent Psychiatry*, v. 41, n. 8, p. 938-946, 2002. Doi: 10.1097/00004583-200208000-00012.

BLACK, B.; UHDE, T. W. Psychiatric characteristics of children with selective mutism: a pilot study. *Journal of the American Academy of Child & Adolescent Psychiatry*, v. 34, n. 7, p. 847-856, 1995. Doi: 10.1097/00004583-199507000-00007.

CAMINHA, R. M.; CAMINHA, M. G. *Baralho das emoções*: acessando a criança no trabalho clínico. Porto Alegre: Sinopsys, 2008.

DUMMIT, E. S. *et al.* Fluoxetine treatment of children with selective mutism: an open trial. *Journal of the American Academy of Child & Adolescent Psychiatry*, v. 35, n. 5, p. 615-621, 1996. Doi: 10.1097/00004583-199605000-00016.

ELIZUR, Y.; PEREDNIK, R. Prevalence and description of selective mutism in immigrant and native families: a controlled study. *Journal of the American Academy of Child & Adolescent Psychiatry*, v. 42, n. 12, p. 1451-1459, 2003. Doi: 10.1097/00004583-200312000-00012.

FRIEDBERG, R.; MCCLURE, J. M. *A prática da terapia cognitiva com crianças e adolescentes*. Porto Alegre: Artmed, 2004.

KRISTENSEN, H. Selective mutism and comorbidity with developmental disorder/delay, anxiety disorder, and elimination disorder. *Journal of the American Academy of Child & Adolescent Psychiatry*, v. 39, n. 2, p. 249-256, 2000. Doi: 10.1097/00004583-200002000-00026.

PEREDNIK, R. *Guia de tratamento do mutismo seletivo*: manual para pais, professores e terapeutas. Trad. Virgínia Almanza Salim. Curitiba: Juruá, 2022.

ROZENEK, E. B. *et al.* Selective mutism – an overview of the condition and etiology: is the absence of speech just the tip of the iceberg? *Psychiatria Polska*, v. 54, n. 2, p. 333-349, 2020. Doi: 10.12740/PP/OnlineFirst/108503.

STALLARD, P. *Ansiedade*: terapia cognitivo comportamental para crianças e jovens. Porto Alegre: Artmed, 2010.

STEIN, M. B. *et al.* A common genetic variant in the neurexin superfamily member CNTNAP2 is associated with increased risk for selective mutism and social anxiety-related traits. *Biological Psychiatry*, v. 69, n. 9, p. 825-831, 2011. Doi: 10.1016/j.biopsych.2010.11.008.

STEINHAUSEN, H.-C. *et al.* A long-term outcome study of selective mutism in childhood. *Journal of Child Psychology and Psychiatry*, v. 47, n. 7, p. 751-756, jul. 2006. Doi: 10.1111/j.1469-7610.2005.01560.x.

STEINHAUSEN, H. C.; JUZI, C. Elective mutism: an analysis of 100 cases. *Journal of the American Academy of Child and Adolescent Psychiatry*, v. 35, n. 5, p. 606-614, 1996. Doi: 10.1097/00004583-199605000-00015.

SZYMANSKI, M. L. S.; COLUSSI, L. G. Relações entre os jogos de papéis e o desenvolvimento psíquico de crianças de 5-6 anos. *Revista Brasileira de Educação*, v. 25, p. e250019, 2020. Doi: 10.1590/S1413-24782020250019.

TORRACA, F. *et al. Mutismo seletivo*: orientação para pais, educadores, terapeutas e curiosos. 1. ed. São Paulo: Editora Literando, 2021.

YEGANEH, R. *et al.* Clinical distinctions between selective mutism and social phobia: an investigation of childhood psychopathology. *Journal of the American Academy of Child & Adolescent Psychiatry*, v. 42, n. 9, p. 1069-1075, 2003. Doi: 10.1097/01.CHI.0000070262.24125.23.

CAPÍTULO 04

Treinamento de pais para famílias ansiosas

Este capítulo propõe reflexões e estratégias sobre **treinar** pais para conduzirem demandas ansiosas existentes em suas famílias, nos filhos e em si mesmos, entendendo a ansiedade como um pressuposto inerente nas nossas famílias hoje.

Alissandra Lopes e Anne Karoline Santos

ALISSANDRA LOPES

É psicóloga clínica e neuropsicóloga, com formação em Psicopatologia na infância e na adolescência. Pós-graduanda em Terapia Cognitivo-comportamental voltada para crianças e adolescentes, possui formação internacional em Educação Parental pela PDA-USA.

Contatos: maria.alissandra@hotmail.com
Instagram: @psialissandralopes
84 99185 1900

ANNE KAROLINE SANTOS

CRP 17/2130

Psicóloga clínica há quase 15 anos, é proprietária do Ressignificar – Espaço Psicoterapêutico, localizado em Mossoró, Rio Grande do Norte. Também atua como psicopedagoga, terapeuta cognitivo-comportamental e terapeuta ABA. Possui formação internacional em Educação Parental pela PDA-USA e em Inteligência Emocional pela Escola da Parentalidade e Educação Positivas de Portugal. Além disso, é coautora dos livros *De boas com o Sapo Cleiton*, voltado para o público infantojuvenil, e *Orientação familiar* 2 e 3, além do box *Intenção de mãe*, publicados pela Literare Books International.

Contatos: psiannekaroline@gmail.com
Instagram: @psiannekaroline
84 98817 3652

Que a família comece e termine sabendo aonde vai.

Pe. Zezinho

O objetivo deste capítulo inteiro é treinar e aprender sobre o contexto familiar e suas demandas ansiosas. A ansiedade, assim como as demais emoções, é uma resposta inerente ao nosso corpo, com objetivo de gerar um sinal de alerta em relação a um perigo iminente, o qual prepara o indivíduo para lidar de alguma forma com a ameaça. Essa emoção provoca uma orientação voltada ao futuro, gerando questões como "E se?". Contudo, é necessário estar atento às situações nas quais o sinal de alerta da ansiedade é acionado de maneira equivocada diante de situações que não manifestam um perigo real.

Vale destacar que a ansiedade, neste capítulo, é diferente do transtorno de ansiedade generalizada (TAG), por isso aqui vamos direcionar a ansiedade como uma manifestação humana natural, que todos os indivíduos são sujeitos a sentir em algum momento da vida e lidar com ela. Contudo, quando os sintomas causados pela ansiedade se intensificam e o indivíduo não consegue mais lidar com eles sem que cause prejuízos à sua vida, há o transtorno de ansiedade. Além disso, o diagnóstico para TAG envolve a persistência dos sintomas por, no mínimo, seis meses, conforme previsto no DSM-V-TR (APA, 2023).

Os transtornos ansiosos enquadram-se como os transtornos mais prevalentes na população infantojuvenil e mundial. Atualmente, a perspectiva mais aceita é a de que os TAGs observados na idade adulta podem ter início durante a infância e a adolescência e foram negligenciados.

Quanto à etiologia, é válido considerar um contexto multifatorial, no qual aspectos biológicos (genéticos) e aspectos ambientais (como o ambiente familiar e as relações sociais) estão relacionados. Sendo assim, a construção familiar, a dinâmica desenvolvida dentro de casa e a influência dos próprios pais podem tornar-se um fator de risco ou de proteção para o desenvolvimento de sintomas ou transtornos, como a ansiedade e outros.

Reconhecendo a importância e a contribuição do ambiente familiar para o desenvolvimento de alguns quadros ansiosos, quando se trata de pais que também são ansiosos (família ansiosa), é necessário estar atento, já que a ansiedade dos pais pode estar contribuindo para o início e/ou manutenção da ansiedade na criança e precisa ser avaliada.

Para isso...

A família é a primeira instituição social de desenvolvimento com a qual entramos em contato após o nascimento. Com isso, torna-se fundamental para a organização social e psíquica do ser humano. As relações desempenhadas entre crianças e o ambiente familiar, quando se encontram em instâncias favoráveis, podem possibilitar o desenvolvimento, mas em adversidades expõe mecanismos de vulnerabilidade ou proteção.

Os pais são os maiores modelos para os filhos, pois o meio no qual a criança está inserida desempenha o favorecimento de comportamentos adaptados e socialmente aceitos ou não adaptados, pois é nesse cenário que se desempenham processos de aprendizagem. Tratando-se da ansiedade, o cenário não seria diferente: ao estarem inseridos em um ambiente no qual a família apresenta características de ansiedade e possui funcionamento pautado nessa ótica, os filhos podem ser influenciados e sofrerem com esse impacto.

Na ansiedade, a forma como as informações são selecionadas, observadas e processadas está sujeita a determinado grau de distorção, e são essas distorções que contribuem para o início e a manutenção de transtornos emocionais. Quando essa forma de ver e processar as informações se torna um padrão no ambiente familiar, é possível que todos, inclusive as crianças, passem a ter esse mesmo filtro.

Posto isso, para um tratamento assertivo, além do protocolo de tratamento para a ansiedade, que inclui psicoeducação, reconhecimento e manejo das emoções, identificação de cognições distorcidas que aumentam a ansiedade, questionamento de pensamentos e desenvolvimento de cognições que reduzem a ansiedade, exposição, prática e automonitoramento, precisamos desenvolver um treinamento efetivo de pais, para o resultado ir além do ambiente clínico.

Para tanto...

O treinamento de pais com base na terapia cognitivo-comportamental (TCC) é um modelo de trabalho colaborativo que visa melhorar a relação entre pais e filhos e a eficácia do tratamento. Ana Raphaela e Barbára Porto (2022) comentam em suas redes sociais que "existe sim um manual para educar nossos filhos, mas os autores somos nós mesmos".

Brites e Brites (2019) relatam que "o tratamento mais eficaz é aquele em que há a participação efetiva dos pais". A psicoterapia parental, orientação parental, psicoterapia infantil e o treinamento dos pais são possibilidades de intervenções que podem conduzir o manejo dos pais para que esses possam intensificar o desenvolvimento de comportamentos pró-sociais e reduzir os comportamentos problemáticos e inadequados dos filhos e deles mesmos.

Gusmão & Caminha (2011) declaram que o treinamento de pais (TP) foi consolidado na década de 1980, quando o aspecto preventivo também ganhou forças. Com isso, houve a legitimação de envolver os pais na resolução de problemas das crianças. O TP tornou-se, então, uma intervenção reconhecida e que promove resultados visíveis no relacionamento intrafamiliar em longo prazo, em razão da redução de comportamentos inadequados, aumento dos comportamentos funcionais, adaptação das expectativas dos pais em relação às crianças e aos adolescentes, e modificações dos estilos parentais, promovendo um ambiente familiar mais saudável e harmonioso.

Sabe-se que intervir com os pais pode trazer resultados mais concretos, já que os efeitos do tratamento visam propor modificações reais no ambiente familiar, a fim de ajudar os pais a reduzirem alguns comportamentos e ensinar uma série de técnicas para serem aplicadas em casa. Frente às situações de ansiedade, a família precisa estar ciente do quadro clínico da criança e/ou adolescente, avaliar como esse contexto familiar pode estar contribuindo para os sintomas e, por meio do treinamento de pais, iniciar o manejo e a aplicação de estratégias para reduzir a ansiedade da família.

Em muitos casos, podemos observar que os pais apresentam um comportamento mais intrusivo, controlador e até limitante, dificultando que os filhos apresentem habilidades na superação e no enfrentamento de problemas, assim como alguns, mesmo sem perceber, encorajam a esquiva e são mais negativos e críticos no desempenho dos filhos, refletindo um padrão ansioso familiar e dificultando o desenvolvimento de habilidades pró-sociais.

Barret, Dadds & Rapee (1996) desenvolveram o programa Coping Koala com o objetivo de trabalharem em parceria com pais e filhos, a partir da premissa de que "os pais são exemplos de comportamentos ansiosos e que devem aprender a controlar a ansiedade familiar".

Sendo assim, a família precisa de estratégias e de ferramentas que venham a agregar na rotina, reduzir a ansiedade e contribuir para um bom convívio familiar e desenvolvimento saudável de todos envolvidos. Pensando em possibilidades de intervenção, seguem seis tópicos necessários para a efetivação desse treinamento.

Psicoeducação

A psicoeducação é uma técnica e premissa utilizada na TCC que tem como objetivo facilitar e tornar compreensível o processo, utilizando da educação e do ensino do que é relevante. Nesse caso, empregando a psicoeducação para informar a família sobre o que é a ansiedade, quais seus prejuízos, o que devemos fazer, como lidar com ela e muito mais.

Reunião em família

As reuniões em família são os momentos de colocar as cartas na mesa, identificar problemas, definir soluções, desenvolver estratégias, expressar sentimentos e alinhar os próximos passos, as reuniões não acontecem apenas diante de um conflito, devem acontecer com frequência e com a participação de todos. Com as famílias ansiosas não seria diferente. É nas reuniões que o funcionamento do ambiente familiar pode ser repensado e analisado para buscar melhorias.

Tempo de qualidade

O tempo de qualidade é primordial no contexto familiar e, para o desenvolvimento de um vínculo seguro entre pais e filhos, é um tempo de exclusividade, atenção e conexão. Para maiores direcionamentos sobre **proteger o tempo de qualidade**, recomendamos os livros *Orientação familiar* 2 e 3 desta mesma editora em coautoria com uma das autoras deste capítulo.

Rotina

É importante que os pais ou educadores estabeleçam uma rotina consistente e estruturada, que combine respeito, empatia e limites claros. Para isso, orientamos o **estabelecimento de uma rotina diária consistente**: crianças se beneficiam muito de uma rotina previsível, pois elas criam um senso de segurança e entendimento sobre o que esperar. Quando há consistência nas atividades do dia, a criança se sente mais tranquila e segura, sabendo o que vai acontecer em seguida. Exemplificando: estabeleça horários regulares para acordar, tomar o café da manhã, ir para a escola, fazer as tarefas de casa, brincar e ir dormir; mantenha certa flexibilidade, mas assegure que os momentos de transição (por exemplo, entre escola e atividades em casa) sejam claros e tranquilos, com antecedência suficiente para a criança se preparar.

Direcionar e distrair

Aqui a ideia central é mudar a atenção da criança ou de outro membro da família de uma situação desafiadora ou ansiosa para algo mais positivo, interessante ou calmo, sem recorrer a punições ou confrontos. Isso ajuda a evitar que a ansiedade ou o comportamento impulsivo ganhem força, permitindo que todos na família encontrem uma maneira mais construtiva de lidar com as emoções. Orienta-se que mantenha a calma. Antes de tentar distrair ou redirecionar a situação, é importante que você também esteja calmo. Os membros da família, especialmente crianças, podem "capturar" a energia emocional dos adultos ao seu redor. Se você for capaz de manter um tom de voz tranquilo e uma postura relaxada, será mais fácil guiar a situação para um desfecho mais positivo.

E, ainda, distrair com atividades ou perguntas lúdicas. Quando perceber que a ansiedade ou o estresse de um membro da família está crescendo, tente redirecionar sua atenção para algo mais positivo e leve. Isso pode ser feito com perguntas ou atividades que envolvam a imaginação ou o corpo, criando uma mudança de foco.

Técnicas de respiração

As técnicas de respiração podem ser ferramentas poderosas para ajudar a aliviar a tensão e promover a calma, tanto para os adultos quanto para as crianças. A respiração controlada ajuda a reduzir os sintomas físicos da ansiedade, como aceleração do ritmo cardíaco e respiração superficial, e favorece um estado mental mais tranquilo. Duas técnicas de respiração que usamos e indicamos com frequência:

1. Respiração 4-7-8

Sente-se ou deite-se confortavelmente. Inspire pelo nariz por quatro segundos. Segure a respiração por sete segundos. Expire lentamente pela boca durante oito segundos. Repita de quatro a seis vezes.

Orientação para a família: para crianças mais novas, você pode simplificar para uma respiração 3-5-6, ajustando os tempos para garantir que o exercício seja confortável para todos.

2. Respiração em família

Praticar as técnicas de respiração juntos pode fortalecer a conexão emocional entre os membros da família e criar um ambiente de apoio e tranquilidade. Como fazer: sente toda a família em círculo, com os olhos fechados ou focando em um ponto à frente. Respirem juntos, começando com a respiração diafragmática ou a técnica de 4-7-8, sincronizando a inspiração e a expiração. Você pode fazer isso como um "jogo" ou ritual familiar, criando uma rotina de respiração sempre que alguém se sentir ansioso ou estressado. Ao final, todos podem compartilhar como se sentiram ou como o corpo se sentiu após o exercício.

Orientação para a família: crie um "momento de respiração" diário, especialmente antes de atividades estressantes, como tarefas escolares, reuniões ou ao fim de um dia agitado. Isso pode ajudar a transformar o processo em um hábito saudável e natural.

E então...

Ao longo deste capítulo, exploramos diversas estratégias que podem transformar o ambiente familiar, especialmente para famílias que enfrentam a ansiedade no dia a dia. Como vimos, a ansiedade pode afetar todos os membros da família, mas, com as ferramentas certas, é possível criar um ambiente de apoio, compreensão e, acima de tudo, de conexão emocional.

As técnicas que discutimos oferecem alternativas poderosas para lidar com momentos de ansiedade e insegurança. Mais do que simplesmente gerenciar a ansiedade, essas estratégias visam fortalecer os vínculos familiares e ensinar habilidades emocionais fundamentais para a vida cotidiana.

É importante lembrar que, como pais ou responsáveis, não é necessário ter todas as respostas prontas nem ser perfeito. A prática diária, a paciência e o aprendizado constante são elementos essenciais para apoiar o desenvolvimento emocional de seus filhos e garantir que a casa seja um lugar seguro e acolhedor.

A ansiedade, quando gerenciada com respeito, calma e ferramentas adequadas, não precisa ser um obstáculo intransponível. Ela pode, na verdade, ser uma oportunidade para crescer juntos como família. Ao aplicar as técnicas aprendidas neste capítulo, você estará não apenas ensinando aos seus filhos como lidar com suas próprias emoções, mas também aprenderá a conduzir suas próprias emoções, criando, ainda, uma base sólida de confiança e afeto dentro de sua casa.

Portanto, todas essas reflexões e técnicas alinhadas ao processo psicoterapêutico tornam-se uma potência, e a orientação de um psicólogo torna-se indispensável e necessária.

Façam, refaçam, juntos, e vejam a mágica acontecer!

Referências

AMERICAN PSYCHIATRIC ASSOCIATION. *Manual diagnóstico e estatístico de transtornos mentais: DSM-V-TR*. 6. ed. Porto Alegre: Artmed, 2023.

BARRETT, P.; DADDS, M.; RAPEE, R. Family treatment of childhood anxiety: a controlled trial. *Journal of Consulting and Clinical Psychology*, v. 64, n. 2, p. 336-342, 1996. Doi: 10.1037//0022-006x.64.2.333.

BRITES, L.; BRITES, C. *Crianças desafiadoras*: aprenda como identificar, tratar e contribuir de maneira positiva com crianças que têm transtorno opositivo desafiador. São Paulo: Gente, 2019. 145 p.

CHAGAS, E. M. *et al.* Transtornos ansiosos na infância e o manejo clínico na perspectiva da TCC. *Recima21 – Revista Científica Multidisciplinar*, v. 2, n. 10, p. 1-19, 11 nov. 2024. Doi: 10.47820/recima21.v2i10.869.

GAUY, F. V.; ROCHA, M. M. Manifestação clínica, modelos de classificação e fatores de risco/proteção para psicopatologias na infância e adolescência. *Temas em Psicologia*, v. 22, n. 4, p. 783-793, 2014. Doi: 10.9788/TP2014.4-09.

GOMIDE, P. I. C. A influência da profissão no estilo parental materno percebido pelos filhos. *Estudos de Psicologia*, Campinas, v. 26, n. 1, p. 25-34, mar. 2009. Doi: 10.1590/S0103-166X2009000100003.

GUSMÃO, M.; CAMINHA, R. M. *Intervenções e treinamento de pais na clínica infantil*. São Paulo: Sinopsys, 2011. 368 p.

LIMA, A. C. R.; MELO, B. A. D. A efetividade da terapia cognitivo-comportamental na redução da ansiedade infantil. *Psicologia e Saúde em Debate*, v. 6, n. 1, p. 213-226, 2020. Doi: 10.22289/2446-922X.V6N1A15.

CAPÍTULO 05

Parentalidade e mutismo seletivo

Este capítulo dialoga sobre o papel dos pais na manutenção ou extinção do comportamento mudo da criança com mutismo seletivo (MS) – transtorno de ansiedade infantil que se refere ao fato de não conseguir falar em alguns ambientes e com algumas pessoas. A inclusão dos pais é considerada parte fundamental para o alcance das metas terapêuticas e eliciação da fala pela criança.

Ana Cláudia de Azevedo Peixoto

ANA CLÁUDIA DE AZEVEDO PEIXOTO

É psicóloga, mestre e doutora pela Universidade Federal do Rio de Janeiro (UFRJ). Atualmente, é professora do Departamento de Psicologia e do Programa de Pós-graduação em Psicologia da Universidade Federal Rural do Rio de Janeiro (UFRRJ) e coordenadora do LEVICA/UFRRJ. Possui certificação em Terapia Cognitivo-comportamental e formação em Terapia do Esquema. Autora dos livros *A música de Lara: desvendando a linguagem de crianças com mutismo seletivo* e *Dona Capiba em: somos diferentes*, além de organizadora das obras *Saberes em psicologia, Práticas na formação em psicologia* e *Crianças e adolescentes (in)visibilizados.*

Contatos: claudiaapeixoto@ufrrj.br
levica.ufrrj@ufrrj.br
Instagram: @levica.ufrrj
@anaclaudiaapeixoto

Mutismo seletivo

Mutismo seletivo (MS) é um transtorno de ansiedade que começa na infância e, quando não tratado corretamente, pode perdurar por um longo tempo, afetando o funcionamento cognitivo, emocional, social e comportamental ao longo da vida. O principal sintoma do MS refere-se ao fato de não conseguir falar em alguns ambientes, tais como, escola, shoppings e festas, bem como não conseguir se comunicar com algumas pessoas nesses ambientes, apesar de conseguir falar normalmente em casa com os pais e irmãos. O ambiente mais comum para manifestação do MS é a escola, devido aos apelos de comunicação e exposição que esse contexto exige. A idade em que se observam os primeiros sintomas do MS ocorre no período de início da vida escolar, e o DSM-5 lista várias características que precisam ser computadas para diagnóstico, avaliação e tratamento, como as características de temperamento (argumentativos, inflexíveis, argumentadores, opositivos, manipuladores) e sociais (timidez e retraimento social) (APA, 2013).

A falha em falar é o tema central no processo de avaliação do MS e pode gerar consequências graves no desenvolvimento, impedindo o progresso de habilidades de funcionamento executivo e competências sociais, afetando o desempenho acadêmico e as interações sociais (Peixoto, 2006).

O MS se manifesta de forma heterogênea, pois compreende sintomas de ansiedade, problemas de fala, comportamento de oposição, déficits de atenção, timidez, entre outros. Pode variar de um quadro parcial de MS – quando a criança seleciona um local ou algumas pessoas para não falar –, até o MS total – situações em que a criança para de falar com todas as pessoas, incluindo seus pais e parentes do núcleo familiar.

A etiologia do MS envolve uma conexão entre fatores biológicos (genéticos), ambientais (que envolve os pais e familiares próximos) e do neurodesenvolvimento. Alguns estudos mostraram a relação entre MS e outras psicopatologias, sendo as mais comuns os transtornos de ansiedade, fobia social (FS), transtorno de ansiedade de separação e ansiedade generalizada. A relação entre MS e FS tem sido alvo de muitas pesquisas na atualidade que buscam compreender a relação entre ambos, pois a inibição comportamental e o déficit nas habilidades sociais são comportamentos típicos dos dois transtornos. Ansiedade, vergonha, nervosismo, seletividade alimentar, retraimento social, dificuldades para fazer pedidos e mudanças repentinas de humor, comportamento opositivo caracterizado por argumentatividade, demandas por atenção e birra são emoções e comportamentos característicos em crianças com MS.

A detecção e o tratamento precoce do MS são ações fundamentais para reduzir e controlar alguns sintomas, e prevenir a evolução para quadros mais graves, que tendem a se manter ao longo da vida. Quando tratadas, as taxas de recuperação são relativamente boas, embora seja comum o surgimento de outros transtornos ao longo da vida. O diagnóstico tardio tem sido considerado um fator de risco para a piora do cenário que envolve a criança, por isso, inserir precocemente a criança no tratamento psicoterapêutico ou psiquiátrico é de fundamental importância para auxiliar na melhora dos sintomas e bem-estar.

O MS impacta negativamente a formação da subjetividade no percurso da formação identitária e precisa de tratamento adequado de forma precoce e individualizada (Peixoto, 2006). De acordo com vários estudos, o início do tratamento precoce pode prevenir a persistência dos sintomas ao longo da vida. Em um estudo de revisão da literatura sistemática sobre desfechos em longo prazo do MS, a maioria dos casos revisados recebeu alguma forma de tratamento, fato este que gerou boas taxas de recuperação, sendo o tratamento comportamental aquele que obteve maior taxa de recuperação; tratamentos utilizando terapia cognitivo-comportamental integrativa focados na escola ou no próprio paciente obtiveram também bons resultados (Peixoto, Caroli & Mariama; 2017; Koskela *et al.*; 2023). Na formulação dos tratamentos, indica-se a inclusão de técnicas como desvanecimento do estímulo, exposição gradual, reforçamento positivo, gerenciamento de contingência baseado nos pais e professores, automodelagem e modelagem, desenvolvimento de habilidades sociais e farmacoterapia. O uso de tecnologia digital também tem gerado resultados satisfatórios, provavelmente por facilitar o controle pela criança dos estímulos que geram ansiedade e por oferecer versatilidade no treino dos pais, além de facilitar o controle em terapia de outros atores fundamentais no tratamento (Peixoto *et al.* 2022).

Por conta da heterogeneidade do MS, a avaliação precisa abranger observações do funcionamento da criança em diferentes ambientes, que podem ser pessoalmente ou por meio de gravações de áudio/vídeo, resultados de testes, inventários, entrevistas e questionários específicos para MS – tanto para as crianças, quanto para pais e professores (Peixoto, 2006). As informações específicas coletadas geralmente incluem comportamentos compensatórios para não falar, fatores contextuais que afetam a não fala, interferência no funcionamento acadêmico e social, fatores de manutenção e respostas de outras pessoas importantes ao mutismo da criança.

Problemas de linguagem e inibição comportamental da criança são considerados fatores de risco juntamente da manifestação de psicopatologias familiares. Ou seja, ter pais ou irmãos com diagnósticos de ansiedade, depressão, transtornos mentais, psicose ou outras psicopatologias pode agravar o percurso de desenvolvimento do MS (Koskela *et al.*, 2023). Daí a importância de se oferecer suporte e orientação aos cuidadores e parentes da criança com MS – sendo parte essencial quando se atende uma criança com MS para ajudá-la na comunicação e na melhora do quadro. No livro denominado *Selective mutism in our own words: experiences in childhood and adulthood* (*Mutismo seletivo em nossas próprias palavras: experiências na infância e na idade adulta*, em tradução livre) de Carl Sutton e Cheryl Forrester (2015), pais descrevem sua frustração com a falta de compreensão, conhecimento, apoio, orientação e, em muitos casos, até mesmo compaixão básica por parte dos profissionais para lidar com eles e com as crianças com MS. A falta de conhecimento sobre o funcionamento do transtorno e de como lidar com ele pode reforçar o sofrimento das crianças e a interpretação errônea em forma de julgamento, como, por exemplo: "é apenas tímido(a)"; "teimoso(a)"; "birrento(a)"; "interage, apenas não fala". Dessa forma, fica claro que a conscientização e a dinâmica da família são pautas essenciais no tratamento da criança com MS.

Conexão entre MS e saúde mental parental

Variáveis familiares são importantes para avaliar o surgimento e manutenção do MS. Estudos afirmaram que transtornos ansiosos, em geral, parecem ocorrer frequentemente nas famílias de crianças portadoras de MS, fator esse que pode ativar respostas fisiológicas, comportamentais e emocionais na criança com MS. Muitos outros estudos têm confirmado a presença de sintomas e psicopatologias em parentes de crianças com MS (Peixoto, 2006; Torraca; 2022; Torraca *et al*, 2025). Tal fato corrobora com as especulações sobre a relação de fatores genéticos e ambientais na etiologia do MS.

A presença de transtornos em algum dos familiares, quase que inevitavelmente, acaba levando a um desequilíbrio nas relações familiares, a situação se torna mais complexa quando esse membro está na infância ou adolescência. No estudo realizado por Peixoto (2006) com crianças mutistas, das 24 crianças avaliadas, 62,50% dos pais relataram casos de MS na família. Esse resultado aponta para uma conexão entre vulnerabilidade biológica e aprendizagem na manifestação do MS. Embora tal afirmação precise de mais validação empírica, vale ressaltar que, das 24 crianças avaliadas, havia na amostra três pares de gêmeos e dois irmãos com MS, fortalecendo a hipótese de fatores genéticos implicados na etiologia do MS. Psicopatologias, independentemente de qual sejam, mobilizam forças internas da família, tais como emoções de raiva, culpa, impotência, desesperança, medo, fracasso, vergonha.

No estudo de Torraca *et al.* (2025), avaliando pais de crianças com MS, o perfil de pais foi reconhecido como tendo sintomas de ansiedade e depressão com padrões de comportamento de evitação e superproteção aos filhos. O estudo também mostrou que o estilo parental mais utilizado pelos pais foi o de monitoria negativa, evidenciando-se estilo parental de risco.

No caso de pais que apresentam um repertório de habilidades sociais inadequado, pode estimular a desadaptação social da criança. Pais muito ansiosos, medrosos ou tímidos, podem transmitir essa forma de comportamento por meio de modelação aos seus filhos, que internalizam o modelo.

Os pais ou cuidadores têm importante papel na manutenção ou extinção do comportamento mudo da criança. Por meio dos princípios da Teoria da Aprendizagem, em que os comportamentos (respostas) são mantidos pelas suas consequências, é possível explicar que dependendo do que os pais fazem após um comportamento da criança, tal comportamento pode piorar ou melhorar a resposta da criança naquele contexto. Por exemplo, ao receber um estímulo para falar, a criança pode ativar sensações de medo, vergonha ou ansiedade, produzindo, em sequência, respostas de evitação ou fuga – estratégias comuns para controlar as sensações relacionadas às emoções –, neste caso, é comum observar os pais neste momento tentando ajudar os filhos, retirando os estímulos ansiogênicos da presença deles (falando/respondendo por eles, a fim de que não sintam incômodos, estabelecendo, então, uma sensação de controle na situação experimentada). Contudo, tal situação reforça negativamente o comportamento da criança – procedimento de aumento de uma resposta por meio do término da ocorrência de um estímulo aversivo – e mantém o comportamento disfuncional de mutismo em longo prazo. Por isso, os pais ou cuidadores, quando psicoeducados sobre o MS, podem contribuir atuando no processo de intervenção, retirando os reforços negativos.

Importante para o tratamento, os pais devem auxiliar o terapeuta oferecendo informações verídicas e atuais sobre padrões de respostas e relações contingenciais entre as variáveis que antecedem o comportamento e suas consequências. Esse processo de análise funcional será um dos pilares importantes para a avaliação e servirá como linha de base para a elaboração da intervenção no caso – gerando levantamento de hipóteses sobre as causas, o desenvolvimento e a manutenção do problema. Para ajudar no processo de conceitualização e formulação do caso, sugiro a utilização dos materiais disponibilizados na tese de Ana Peixoto (2006) ou na dissertação de Francilene Torraca (2022).

Durante o percurso de intervenção, os pais podem ser treinados para promover melhor colaboração para a mudança e desenvolvimento de habilidades sociais em seus filhos, para isso, receberão treinamento em formato de psicoeducação com diferentes finalidades: tanto para educarem melhor, quanto para serem colaboradores na aplicação das técnicas psicoterapêuticas nos diferentes ambientes que circulam, tais como escola, festas, centros, igrejas etc. Torraca (2022) apresentou, em sua dissertação, uma série de formatos e modelos de trabalhos de intervenção que utilizam os pais no tratamento. Em outros dois estudos de caso compartilhados por Peixoto *et al.* (2017; 2022), os pais participaram de forma ativa em diferentes formatos de tratamento (on-line e presencial) e os resultados evidenciaram que a intervenção em parceria com os pais e outros agentes sociais da criança foi eficaz e eficiente para auxiliar a paciente na recuperação da fala como meio de comunicação.

Considerações finais

Estudos revelam cada vez mais que não existe padrão ou perfil de crianças com MS, e que este pode abarcar um espectro bem variado entre comportamentos de ansiedade, oposição, comunicação e outros sintomas, tornando o diagnóstico e o planejamento do tratamento mais personalizados e desafiadores. Nesse cenário, pais e cuidadores se tornam fundamentais no processo de tratamento, podendo atuar, inclusive, como coterapeutas para ajudar no alcance das metas terapêuticas relacionadas à extinção do comportamento mudo da criança com MS.

Referências

ASSOCIAÇÃO PSIQUIÁTRICA AMERICANA. *Manual diagnóstico e estatístico para transtornos mentais (DSM-5)*. 5. ed. Washington, D.C.: Associação Psiquiátrica Americana, 2014.

BRONFENBRENNER, U. *A ecologia do desenvolvimento humano*: experimentos naturais e planejados. Porto Alegre: Artes Médicas, 1996.

DILIBERTO, R.; KEARNEY, C. A. Perfis de sintomas de classe latentes de mutismo seletivo: identificação e ligação com construções temperamentais e sociais. *Child Psychiatry and Human Development*, v. 49, n. 4, p. 551-562, 2018. Doi: 10.1007/s10578-017-0774-4.

KOSKELA, M. *et al.* Long-term outcomes of selective mutism: a systematic literature review. *BMC Psychiatry*, v. 23, n. 1, p. 779, 2023. Doi: 10.1186/s12888-023-05279-6.

PEIXOTO, A. C. de A. *Mutismo seletivo*: prevalência, características associadas e tratamento cognitivo-comportamental. 2006. 215 f. Tese (Doutorado) – Curso de Psicologia, Instituto de Psicologia, Universidade Federal do Rio de Janeiro, Rio de Janeiro, 2006.

PEIXOTO, A. C. de A.; CAROLI, A. L. G.; MARIAMA, S. R. Selective mutism: a case study with interdisciplinary treatment. *Revista Brasileira de Terapias Cognitivas*, v. 13, n. 1, p. 5-11, 2017. Doi: 10.5935/1808-5687.20170003.

PEIXOTO, A. C. de A.; TORRACA, F.; GANEM, N. Relato de intervenção para eliciação da fala no tratamento de mutismo seletivo em um paciente portador de transtorno de espectro autista, no período de pandemia de Covid-19. *Revista Brasileira de Terapias Cognitivas*, v. 18, n. 2, p. 223-230, 2022. Doi: 10.5935/1808-5687.20220020.

SUTTON, C.; FORRESTER, C. *Selective mutism in our own words*: experiences in childhood and adulthood. London, Philadelphia: Jessica Kingsley Publishers, 2015.

TORRACA, F. *Programa borboleta*: psicoeducação para pais e cuidadores de crianças com mutismo seletivo. 2022. 215 f. Dissertação (Mestrado) – Curso de Psicologia, Instituto de Psicologia, Universidade Federal Rural do Rio de Janeiro, Rio de Janeiro, 2022.

TORRACA, F. *et al.* Avaliação de crianças com mutismo seletivo e funcionamento de pais. *Caderno Pedagógico*, v. 22, n. 4, p. e14142, 2025. Doi: 10.54033/cadpedv22n4-152.

CAPÍTULO 06

Ansiedade na adolescência

Intervenções e manejos para desenvolver o adulto saudável do futuro

Nos últimos anos, o nível de ansiedade na adolescência tem crescido assustadoramente. O objetivo deste texto é esclarecer sobre os impactos, as manifestações e os prejuízos causados pela ansiedade na vida dos adolescentes. A psicologia como ciência do comportamento oferece tratamento eficaz no controle da ansiedade, utilizando manejos e técnicas das terapias cognitivo-comportamentais contextuais e integrativas, aliado à rede de apoio emocional: relações positivas nas famílias, boa interação com amigos, momentos satisfatórios de lazer e descanso. O objetivo é fortalecer os adolescentes, hoje, para os desafios de uma vida adulta salutar.

Andressa Reis

ANDRESSA REIS

CRP: 05/42731

É psicóloga clínica, formada pela Universidade Veiga de Almeida, com atuação voltada para adolescentes e adultos. Certificada em Terapia do Esquema pela Wainer Psicologia e pela ISST (International Society of Schema Therapy – New York), também é supervisora nessa abordagem para psicólogos. Pós-graduada em Psicologia Positiva pela PUC-RS e especialista em Terapia Cognitivo-comportamental e Terapia Comportamental Dialética, possui ainda pós-graduação em Neuropsicologia pela Santa Casa de Misericórdia. Atua como avaliadora neuropsicológica de crianças e adolescentes, analisando funções cognitivas, comportamentais e emocionais.

Contatos: andressafreis@yahoo.com.br
Instagram: @dependeremocional
21 98135 9514

A circunstância não dá sentido a você. Você é que dá sentido à circunstância.

Andrea Perez

A melhor fase da vida talvez seja a adolescência, com descobertas surpreendentes, novidades, amizades eternas, romances, apaixonamento pela vida e desejo em transformar o mundo. Assim como qualquer fase, a adolescência também enfrenta seus desafios. Trata-se de uma transição da infância para a vida adulta, marcada por transformações físicas, cognitivas, emocionais e sociais, conforme a posição cultural, social e econômica. Há o drama de ser aceito, integrar-se aos grupos, seguir tendências, satisfazer às expectativas da família e dos amigos, e preocupar-se com o futuro – escolher uma profissão, ser aprovado no vestibular, obter renda para o sustento, constituir família. Todos os "tenho que" desencadeiam sentimentos conflitantes de gerenciar.

Nesse momento, a construção da identidade é uma questão crucial, envolvendo a definição de valores e crenças, pensamentos individuais e a formação de ideias e opiniões acerca de si mesmo, dos outros e do mundo. As emoções se manifestam de maneira mais intensa, por vezes reativa, com labilidade emocional, sensibilidade emotiva, impulsividade e agressividade. Qual é a origem dessa intensa montanha-russa?

Atualmente, pesquisas em neurociência demonstram que o processo de desenvolvimento e amadurecimento do cérebro humano pode perdurar até os 25 anos, quando atingimos a fase adulta. Diante disso, é importante abordar brevemente sobre a fisiologia e anatomia do cérebro, especificamente sobre o córtex pré-frontal, que é a última área do cérebro a amadurecer; na adolescência, ele ainda está em desenvolvimento. Essa área é responsável por pensamento crítico, tomada de decisão, autocontrole, planejamento, atenção, organização, regulação das emoções, controle dos impulsos, automonitorização, empatia e resolução de problemas. Então, será que deveríamos congelá-los aos 13 anos e descongelá-los aos 23 anos? Talvez sim, melhor não!

O que é e como funciona a ansiedade

As adaptações e as mudanças na segunda fase da vida são intensas e podem ser disparadores da ansiedade. Os pensamentos e os sentimentos que levam à ansiedade geralmente têm a ver com supervalorização da situação (maior do que realmente são), somados a subestima da capacidade de lidar com a situação (me sinto frágil e incapaz), junto a uma visão negativa do futuro (coisas ruins vão me acontecer). Mas, afinal, o que realmente é ansiedade?

Trata-se de uma reação natural ao estresse, uma resposta adaptativa do organismo, vital para a sobrevivência. Uma manifestação emocional relacionada aos medos de uma possível ameaça futura. A ansiedade é considerada uma emoção secundária ao medo, vista como normal no estado basal do organismo. Contudo, torna-se patológica quando a intensidade e a frequência não são proporcionais às contingências. No aspecto de pensamentos e sentimentos, são situações hipotéticas e catastróficas criadas pela nossa cabeça que estão ligadas à vigilância constante, precauções e esquiva, trazendo sensações fisiológicas desconfortáveis, como: coração acelerado; sudorese, mãos frias e úmidas; tremores, dor muscular; falta de ar ou fôlego curto; inquietação; fadiga; boca seca; vertigens e tonturas; náuseas e diarreias; aumento da frequência urinária; "bolo" na garganta; impaciência; respostas exageradas; dificuldade de concentração; memória prejudicada; alteração do sono; irritabilidade; e sensação de congelamento.

Tudo isso pode ser experimentado em uma crise de ansiedade ou durante um ataque de pânico ou mesmo em ansiedade basal. São reações inerentes à resposta de luta ou fuga do organismo no momento do estresse vivido. Algumas emoções andam juntas e retroalimentam a ansiedade, por exemplo: preocupação, medo, tristeza, vergonha, culpa, desconfiança, negativismo e irritabilidade. A ansiedade pode e deve ser tratada com terapia e medicação, não só pelo desconforto dos sintomas físicos e emocionais, mas, principalmente, pelo desgaste emocional e pelas alterações do humor que podem levar à depressão.

Segundo um estudo da Pennsylvania State University, nos Estados Unidos (*Da Redação*, 2021), que considerou a preocupação como tema central, as inquietações e os medos daquilo que pode nos acontecer são identificados como os principais gatilhos da ansiedade. Preocupar-se antecipadamente traduz-se em investir tempo e energia em algo que nem se concretizou. O estudo revela que, na verdade, apenas 9% das preocupações constantes se concretizam. Isso indica que 91% das coisas com que me "pré-ocupo" nunca acontecem.

Indivíduos mais ansiosos tendem a adotar um padrão mental baseado na preocupação. É fundamental entender que nem tudo o que nosso cérebro nos diz é real, nossos pensamentos e emoções muitas vezes não são confiáveis, em sua maioria são frutos da ansiedade e do medo. O negativismo também está intimamente ligado à ansiedade, pensamentos negativos sobre o futuro permeando uma mente ansiosa. O foco excessivo no desconforto, nas vulnerabilidades e imprevisibilidades da vida, combinado com o desejo de evitar surpresas e se defender dos "perigos calculados", fundamenta o negativismo. Pessoas com esse perfil costumam falar sobre sofrimento, morte, perda, decepção, potenciais erros, ressentimentos, conflitos e dificuldades. Não conseguem imaginar cenários positivos para o futuro. Têm a tendência de se considerarem realistas, no entanto, as perspectivas são catastróficas. Abrir a janela para a positividade é treinar o cérebro para reconhecer as boas experiências passadas e presentes. Coisas boas e ruins acontecem a todo tempo, focar apenas no negativo não trará o positivo para perto.

Caso clínico: Davi – 18 anos

Um jovem inteligente, comunicativo e sociável concluiu o ensino médio como orador da turma, e a escola e os familiares acreditam em seu futuro promissor. Sonha em fazer Medicina, estuda para o vestibular pela segunda vez, segue rotina intensa com cursinho, leituras e revisões em casa. Davi, cujo nome é fictício, busca na terapia adquirir mais confiança para encarar o Enem, flexibilizar a autoexigência e melhorar a qualidade do sono. Estudante dedicado, com boas pontuações nos simulados, mas na primeira tentativa do Enem ficou nervoso, "deu branco" e não alcançou a nota necessária. Com essa experiência bastante aversiva, o insucesso causou frustração e medo das responsabilidades com o futuro. Pesquisas em neurociência afirmam que quando estamos em situações que causam ansiedade, alterações cognitivas acontecem, como déficit na atenção e memória, planejamento, controle inibitório e resolução de problemas (Costa & Ferrari, 2020).

No decorrer das consultas, o vínculo terapêutico foi sendo construído, em um ambiente seguro, livre de críticas ou julgamentos, acolhendo seus sentimentos e suas necessidades emocionais básicas. Os sinais e os sintomas de ansiedade foram evidenciados a cada sessão, revelando seus medos com o futuro e as dificuldades relacionadas com a vida adulta. Recentemente, teve um episódio de ansiedade no meio da noite, o que o deixou bastante assustado. É sabido que os fatores ambientais e psicológicos são determinantes para a ansiedade.

A conduta terapêutica como um todo foi estruturada sobre o arcabouço da Terapia do Esquema, modalidade esta integrativa e contextual das terapias cognitivo-comportamentais. Baseia-se em três conceitos estruturais: esquemas, modos e necessidades emocionais básicas. Esses conceitos contribuem para a maior compreensão da história e das marcas emocionais de cada cliente. Compreender o temperamento individual também é uma ferramenta.

O temperamento é estruturado nas bases genéticas herdadas (pais e avós), e influencia as tendências comportamentais, afetivas e cognitivas, que determinam as necessidades emocionais básicas de cada indivíduo. Por exemplo, se uma pessoa demanda mais demonstração de afeto de seus cuidadores, ou mesmo mais limites e direcionamento para vida. Os esquemas são padrões emocionais iniciados na infância e adolescência que incluem memórias, emoções, sensações corpóreas e cognições autoderrotistas, trazendo prejuízos e perpetuando ao longo da vida. Padrões adaptativos no passado e defasados na fase adulta. Os modos são reações emocionais inatas aos esquemas, como o *modus operandi* como cada pessoa opera e funciona quando emoções são ativadas. Os modos: criança vulnerável, abandonada ou desamparada são acolhidos, enquanto os modos críticos internos são combatidos, para promover maior flexibilidade cognitiva e emocional. Os modos disfuncionais estão relacionados às necessidades básicas não atendidas.

As necessidades emocionais básicas são os suprimentos essenciais para um bom desenvolvimento emocional, reforçado pelos cuidadores (pais, avós, professores) na infância e na adolescência. Entre elas, destacam-se: vínculo/apego seguro; liberdade em expressar emoções, necessidades e validações; limites realistas para estimular autocontrole/autonomia e competência; e identidade/espontaneidade e lazer. É comum que os cuidadores cometam falhas nesse processo, o que é compreensível, visto que cuidar e educar são as tarefas mais desafiadoras que existem. Assim, as principais dores e dificuldades enfrentadas por um adulto estão frequentemente ligadas às suas necessidades emocionais, relacionadas ao que foi negligenciado ou mesmo excessivamente reforçado. Ao examinar as necessidades emocionais em conjunto com as experiências da história de Davi, foram identificadas as carências de vínculos seguros, de liberdade em expressar emoções e validação, a necessidade de espontaneidade e momentos de lazer. As altas expectativas e cobranças que o jovem se impunha comprometiam sua capacidade de ter uma vida mais satisfatória. Ele se recorda da infância, quando o "pequeno Davi" fazia de tudo para conseguir a atenção e a aprovação das pessoas, necessidade que ainda se faz presente em suas relações atuais. Lembra que a atenção recebida em sua infância era condicionada ao cumprimento das tarefas bem-feitas, reforçando seu comportamento de alta performance. A evolução terapêutica foi acontecendo na medida da aceitação das necessidades emocionais, validando todas as suas emoções ativadas. No decorrer das sessões, os esquemas identificados foram: privação emocional, fracasso, padrões inflexíveis, autossacrifício, negativismo e busca de aprovação e reconhecimento. Quanto aos estilos parentais: observou-se que a mãe se mostrava atenta e exigente em relação à produção, acreditando que tudo poderia e deveria ser melhorado. Enquanto isso, o pai se apresentava como passivo e resignado, sustentando a crença de que a vida era assim mesmo e que estava tudo bem. A conceitualização do caso foi realizada a partir dos esquemas e modos desadaptativos, visando entender o funcionamento emocional em relação ao seu temperamento e às necessidades emocionais. O modo criança desamparada fazia-o sentir-se sozinho, acreditando que não era capaz de lidar com as situações difíceis. Nomeamos essa faceta de "pequeno Davi assustado", identificando quando se sentia ansioso. Nesses momentos, o medo era acolhido, pois refletia uma necessidade emocional genuína.

— De que o "pequeno Davi assustado" realmente necessita? Em certas ocasiões, ele precisava de conversas e demonstrações de afeto de pessoas significativas ou de ter a chance de expressar seus medos, ser ouvido e acolhido, além de momentos de descanso e lazer. Outro modo presente era o "crítico interno exigente", que se baseava na hipercompensação com objetivo de proteger-se do intenso sofrimento causado pelo medo do fracasso. Esse modo prioriza regras rígidas e padrões elevados, resultante da busca pela "perfeição", acompanhada da pressão por grandes conquistas. Como consequência, Davi passava horas estudando até tarde da noite, impondo-se demasiadas cobranças, o que o deixava cansado e ainda mais ansioso. "Preciso passar dessa vez; caso contrário, serei um fracassado." A cada encontro, ele foi praticando a flexibilidade com pensamentos alternativos. A meta de aprovação no vestibular mantinha-se, mas sem as cobranças excessivas que o levavam à exaustão e à apatia.

Manejos terapêuticos para neutralizar a ansiedade

Foram escolhidas ferramentas para manejo da ansiedade, a técnica do "Lugar seguro" e "Retomando seus sentidos/atenção plena". A primeira consiste em descrever um lugar que já tenha experienciado ou mesmo um lugar criado mentalmente, que traga emoções positivas como conforto, tranquilidade, paz e segurança. Esse lugar é descrito com riqueza de detalhes emocionais e sensoriais.

Terapeuta: — Feche os olhos e respire profundamente algumas vezes e se acomode confortavelmente na poltrona. Pense em um lugar em que se sinta totalmente seguro.
— Onde é esse lugar e o que você vê?

Davi: — Uma praia que sempre vou com meus amigos, vejo o mar de águas claras, muita vegetação e a imensidão do mar, verde no início e azul ao longe.

Terapeuta: — Você se vê na cena?

Davi: — Sim, estou sentado na areia contemplando a imensidão desse mar.

Terapeuta: — Que idade você tem nessa cena?

Davi: — Dezoito anos, estou nos dias atuais.

Terapeuta: — O que mais você vê?

Davi: — Areia clara, aves voando e uma ilhota ao longe.

Terapeuta: — Que sons você escuta?

Davi: — O mar batendo e batendo, o vento e também as aves.

Terapeuta: — Existe um cheiro nesse lugar?

Davi: — Um leve cheiro de sal e maresia.

Terapeuta: — Qual é a sensação?

Davi: — As gotículas do mar batem no meu rosto e consigo sentir um sorriso de tranquilidade.

Terapeuta: — Como você se sente?

Davi: — Me sinto em paz, como se nada de ruim pudesse me acontecer.

Terapeuta: — Fique mais tempo nessa cena, o quanto tempo quiser. Depois, afaste-se lentamente da cena e volte para cá, na sessão.

Após a experiência no ambiente seguro, Davi saiu da consulta com um sentimento de alívio. Incentivei-o a praticar quantas vezes fossem necessárias para que ele pudesse se sentir calmo e sereno. Em uma sessão seguinte, introduzi a segunda técnica da observação – retornando aos seus sentidos, que também pode ser chamada de Atenção Plena.

Pedi que escolhesse um dos cinco sentidos – visão, audição, tato, olfato ou paladar – e dissesse qual deles ele considerava mais sensível. Ele optou pelo tato, mencionando que era uma pessoa que valoriza o contato físico e que essa habilidade estava bem desenvolvida. Sugeri que, nos momentos de maior desregulação e angústia, ele pudesse explorar a percepção tátil com o mundo ao seu redor. Exemplos:

- Perceba tudo com que está em contato, tente sentir seus pés em seu sapato ou no chão, suas roupas te tocando, o assento e encosto da cadeira.
- Procure um objeto de apego emocional, olhe para ele e depois pegue e o sinta em suas mãos.
- Quando não houver ninguém por perto para abraçar, simule um abraço com um cobertor.
- Faça carinho no gatinho, com movimentos de vaivém no pelo dele.
- Tome um banho morno e sinta o contato com a água percorrendo o corpo.
- Coloque uma pedra de gelo na mão e vá alternando em um copo para não queimar a mão, até derreter.
- Toque as texturas e superfícies de almofadas, tecidos, paredes ou mesas.
- Atente-se às texturas lisas, ásperas e onduladas.
- Respire e expire profundo e lentamente. Sinta, perceba e se conecte com atenção plena no momento presente, no aqui e no agora.

As técnicas foram sendo aplicadas durante as sessões e nos episódios de crise de ansiedade, permitindo que Davi desfrutasse de melhor regulação emocional em seu cotidiano. Ele começou a dormir melhor, enfrentando os modos críticos internos e se exigindo menos. O objetivo nessa etapa do tratamento era fortalecer os modos "criança feliz" e "adulto saudável". Foi proposto a Davi que tivesse momentos de descanso e lazer a cada semana: ir ao cinema, encontrar os amigos, participar de aniversários nos fins de semana, ter uma rotina sociável.

Fortalecer a "criança feliz" é nutrir momentos e sentimentos felizes, conectados e descontraídos. A partir daí, o modo "adulto saudável" se fazia presente, representando a mente sábia, o caminho do meio, com tomada de decisões acertadas para a vida. Com acolhimento da "criança ferida e vulnerável", reconhecendo a necessidade de afeto e as relações positivas. Além disso, oferece suporte à nossa "criança feliz" ao que faz bem, estabelece limites para a "criança zangada/impulsiva" e enfrenta as "vozes críticas" que surgem internamente. O "adulto saudável" desempenha papéis fundamentais da vida adulta, como: trabalhar, estudar, lidar com responsabilidades e compromissos, manter rotinas e cuidar da saúde. Estimular esse modo sábio durante a adolescência é uma forma de prevenir possíveis psicopatologias para a vida adulta.

O caso do adolescente Davi segue com bons resultados, com a melhora dos sintomas ansiogênicos, com novos repertórios e estratégias para vida. Consciente, no momento presente, de que está fazendo o seu melhor e aprendendo a lidar com as inconsistências do futuro.

Passar pelo processo terapêutico inclui revelar-se, admitir medos e vulnerabilidades, permitir-se sentir e assumir a própria história. Trata-se também de perdoar o sofrimento sentido e, então, ressignificá-lo. Sabendo que não existem emoções boas ou ruins, todas têm função adaptativa de sobrevivência, inclusive a ansiedade, que, especificamente, é um convite à mudança.

Referências

AMERICAN PSYCHIATRIC ASSOCIATION. *Diagnostic and statistical manual of mental disorders (DSM-5)*. 5. ed. Porto Alegre: Artmed, 2014.

COSTA, W.; FERRARI, W. N. Transtorno de ansiedade em adolescentes vestibulandos: aproximações. *Conversas em Psicologia*, v. 1, n. 1, p. 1-19, jan./jun. 2020. Doi: 10.33872/conversaspsico.v1n1.ansiedade.

DA REDAÇÃO. Quase 100% das nossas preocupações não se concretizam, diz estudo. *IstoÉ Dinheiro*, 27 jul. 2021. Disponível em: https://istoedinheiro.com.br/quase-100-das-nossas-preocupacoes-nao-se-concretizam-diz-estudo/. Acesso em: 26 fev. 2025.

FARRELL, J. M.; SHAW, I. A. *Vivenciando a terapia do esquema de dentro para fora*: manual de autoprática/autorreflexão para terapeutas. Novo Hamburgo: Sinopsys, 2023.

PINHEIRO, A. M. da S. G. *et al.* Ansiedade e isolamento social na adolescência: como manejar? *Recisatec – Revista Científica Saúde e Tecnologia*, v. 2, n. 2, p. e2276, 2022. Doi: 10.53612/recisatec.v2i2.76.

SOUSA, K. dos S.; SILVA, P. O. Transtorno de ansiedade em adolescentes: impactos no desenvolvimento e agravamento de outras patologias. *Arquivos de Ciências da Saúde da UNIPAR*, v. 27, n. 4, p. 1962-1973, 2023. Doi: 10.25110/arqsaude.v27i4.2023-023.

TOASSI, D. G. F.; CARVALHO, C. F. de. O impacto do transtorno de ansiedade generalizada nas funções executivas dos adolescentes. *Revista Ibero-americana de Humanidades, Ciência e Educação – REASE*, São Paulo, v. 7, n. 11, p. 68-80, nov. 2021. Doi: 10.51891/rease.v7i11.2994.

YOUNG, J. E. *Terapia do esquema*: guia de técnicas cognitivo-comportamentais inovadoras. Porto Alegre: Artmed, 2008.

CAPÍTULO 07

A hiperconectividade e a ansiedade infantojuvenil

Uma análise

A ansiedade infantojuvenil é um fenômeno cada vez mais prevalente, que reflete o impacto das mudanças modernas sobre crianças e adolescentes. Este capítulo explora a natureza ambiental que tem influenciado as relações sociais e seus impactos psicológicos em crianças e adolescentes. Destaca-se o efeito cascata da hiperconectividade e seus possíveis impactos nas dinâmicas sociais. Boa leitura!

Beatriz Cristina de Oliveira Carlos Moreira

BEATRIZ CRISTINA DE OLIVEIRA CARLOS MOREIRA

É psicóloga, supervisora clínica e analista do comportamento pela UFSCar. Neuropsicóloga, com especialização em Avaliação e Reabilitação Cognitiva pelo CBI of Miami, e aprimoramento em Neuropsicologia Infantil pela Unicamp. Atua com Terapia Cognitivo-comportamental, oferecendo atendimento clínico para o público infantojuvenil desde 2016, na cidade de Campinas/SP.

Contato: 19 98823 1552

— Quem estará nas trincheiras ao teu lado?
— E isso importa?
— Mais do que a própria guerra.

Ernest Hemingway

A hiperconectividade

Os avanços tecnológicos são relevantes, porém apresentam efeitos colaterais e influenciam a dinâmica familiar moderna, gerando impactos significativos na saúde mental de crianças e de adolescentes. Os pais, cada vez mais atarefados, enfrentam os desafios de uma vida corrida e cansativa. Os filhos, por sua vez, passam grande parte do tempo livre conectados ao mundo virtual. Esses hábitos têm causado a diminuição de experiências e vivências reais, ocasionando prejuízos no amadurecimento e no fortalecimento emocional. Segundo Silva & Silva (2017), a inserção dessas tecnologias digitais no contexto familiar vem alterando a forma como a família se reúne, evidenciando que o diálogo e a participação dos pais na vida de crianças e adolescentes continuam fundamentalmente importantes.

O novo brincar de crianças e adolescentes tem sido em videogames e plataformas digitais. Essa conexão virtual tem influenciado no brincar livre, que perdeu espaço para um mundo virtual apelativamente convidativo, ao qual são seduzidos em um ambiente cheio de recompensas instantâneas e infinitas possibilidades. Esses indivíduos, ao passar dos anos, tendem a apresentar maior dificuldade em se comunicar e formar relacionamentos reais saudáveis, pois a interação face a face é fundamental para o desenvolvimento de competências sociais e emocionais.

Nos lares, cada integrante tem várias dessas tecnologias digitais com acesso fácil à internet. Segundo Haidt (2024), atualmente, as crianças e os adolescentes estão substituindo as interações pessoais por um ambiente virtual, no qual se comunicam por meio de chats, mensagens instantâneas, blogs, jogos on-line e redes sociais. Não são poucos os indivíduos que parecem ter muitos amigos nas redes sociais, mas relatam sentirem-se mais sozinhos do que nunca. Enfrentamos uma onda de superproteção no mundo real e a subproteção no mundo virtual.

São tantos os distratores eletrônicos, que alguns pais relatam a sensação de perderem seus filhos. Quando as tecnologias digitais são usadas de forma inadequada e excessiva, atuam como catalisadores e podem alterar o modo como o convívio familiar é tratado, abrindo lacunas nas relações familiares e deixando pais e filhos em mundos totalmente diferentes (Silva & Silva, 2017).

Frequentemente, ouço dos pais de pacientes: "Será que éramos ansiosos na infância? Ou realmente estamos diante de um novo quadro ainda mais crítico?". De fato, nossas necessidades existenciais humanas permanecem as mesmas, não somos tão diferentes biologicamente de nossos bisavós e avós, mas o mundo ao nosso redor mudou.

A nova dinâmica social e familiar

Outro fator convergente é a ausência de exposições sociais reais: há crianças e adolescentes que passam mais tempo interagindo por meio de telas do que pessoalmente. O uso excessivo das tecnologias digitais acarreta diversos problemas, entre eles isolamento social, narcisismo, depressão, ansiedade e dependência. No campo cognitivo, esse uso desregulado pode provocar diversas patologias relacionadas ao excesso de informações não processadas, que terminam por gerar uma sobrecarga cognitiva em vez de conhecimento (Silva & Silva, 2017). A infância deve ser um período de exploração, brincadeiras e aprendizado lúdico.

Os pais, muitas vezes, se encontram perplexos diante do sofrimento de seus filhos. A dor em ver uma criança ou adolescente lutando com sentimentos tão intensos é imensa. Eles querem ajudar e proteger, mas muitas vezes se sentem impotentes, sem saber como oferecer o conforto necessário (Rapee, 2013). A ansiedade infantojuvenil não é apenas uma questão individual, mas também familiar, afetando a dinâmica de toda a casa.

A sensação de perda do controle pode induzir os pais a imporem mais disciplina, com uma falsa ideia de controle sobre a vida de seus filhos. Um ambiente excessivamente controlado poderá criar filhos inseguros e ansiosos. Embora possamos planejar, articular e nos prepararmos, não é possível controlar o ambiente e evitar que os filhos passem por situações difíceis.

O melhor que se pode fazer é prepará-los para as adversidades. O resultado de uma pesquisa realizada por Reis e Landim (2021) aponta que crianças inseridas em contextos familiares que precarizam o apoio emocional e enfatizam o uso do controle punitivo tendem a manifestar maiores níveis de ansiedade social.

Deparo-me com pacientes que não conseguem externalizar o que sentem por medo de serem recriminados ou julgados, pois no ambiente familiar não encontram acesso livre para comunicação saudável, e isso define a natureza das relações familiares (Emerick & Rosso, 2020). Durante uma sessão, um paciente de sete anos perguntou: "Tia Bia, adulto nunca erra?" e completou: "Meus pais nunca me pediram desculpas". Em outra sessão, uma paciente de seis anos deixou cair um copo d'água, ocasionando mesa e atividades molhadas. Nesse momento, teve uma crise de choro e expôs sua relação com o "erro", em resposta a sentir-se culpada por fazer sujeira. Ela compartilhou que outra situação similar aconteceu em sua casa enquanto realizava lição com a mãe, o fim da história foi uma repreensão verbal e uma noite sem acesso à televisão. Além disso, o estilo parental caracterizado por práticas excessivamente controladoras tem demonstrado ser fator de risco para a ansiedade infantil.

Diversas vezes, enquanto produzia com os pacientes massinhas ou atividades com tinta, ouvi "em casa não posso fazer" e que "em casa não pode sujar". Um ambiente tão controlado possui potencial nocivo ao bem-estar emocional de indivíduos em formação. Entre os prejuízos, estão a limitação criativa e o empobrecimento do ambiente onde a criança deveria sentir-se acolhida e aceita. Brincar é o trabalho da criança. É brincando que treinam e se preparam para a vida adulta, testando o mundo e o encarando.

Os pais, muitas vezes preocupados com o futuro de seus filhos, podem inconscientemente transmitir expectativas excessivas, levando os jovens a se sentirem sobrecarregados e inseguros. A busca por um ideal de sucesso pode fazer com que a infância se torne um período de ansiedade e medo do fracasso. Essa pressão pode desencadear ansiedade, depressão e baixa autoestima. Estudos apontam que a natureza da ansiedade infantojuvenil é multifatorial, sendo os fatores ambientais, como as caraterísticas do funcionamento familiar, alvo de atenção dos pesquisadores (Lima *et al.*, 2024).

Cada um tem seu tempo de florescimento, e tentar acelerar esse processo pode desencadear um quadro de ansiedade. É comum que as crianças se sintam esmagadas por expectativas que, para elas, parecem intransponíveis. Seja na escola, nas atividades extracurriculares, ou nas relações interpessoais, o medo de falhar e a angústia de não corresponder às expectativas criam um ciclo vicioso de ansiedade (Pine, 2007). Não é apenas o medo do fracasso em si que as assola, mas a antecipação constante de cenários negativos, um futuro imaginário no qual tudo pode dar errado.

As experiências positivas na primeira infância fortalecem os sistemas biológicos que estão em desenvolvimento, fornecendo base para uma sólida arquitetura cerebral e para o alcance de inúmeras habilidades e da capacidade de aprendizagem. É ainda na primeira infância que se inicia o processo de autorregulação, o qual se estenderá ao longo do desenvolvimento do indivíduo (Vaz *et al.*, 2020).

Como guardião e educador, você pode ensinar um mundo perigoso, violento, cruel, injusto, cansativo e apressado, mas também há espaço para falar sobre acolhimento, amor, empatia, bondade, leveza e coragem. Balancear a carga de informações negativas no dia a dia de seu filho também pode ajudá-lo a perceber o mundo de forma menos amedrontadora. O mundo é realmente perigoso, e precisamos proteger as crianças, mas superproteção pode resultar em adoecimento.

Sintomatologia da ansiedade infantojuvenil

Os sintomas da ansiedade podem variar em intensidade e frequência, dado que se apresentam de modo subjetivo. O que representa um cenário de apreensão para alguns, pode não ser para outros. Esses sintomas podem ser difíceis de identificar, especialmente se não houver verbalização dos sentimentos. Por isso, é fundamental estar atento às mudanças de comportamento e procurar ajuda profissional. Os sintomas e os medos podem se manifestar em várias áreas da vida da criança, tanto na parte fisiológica quanto no comportamento (Amorim & Poletto, 2021).

Sintomas psicológicos e comportamentais

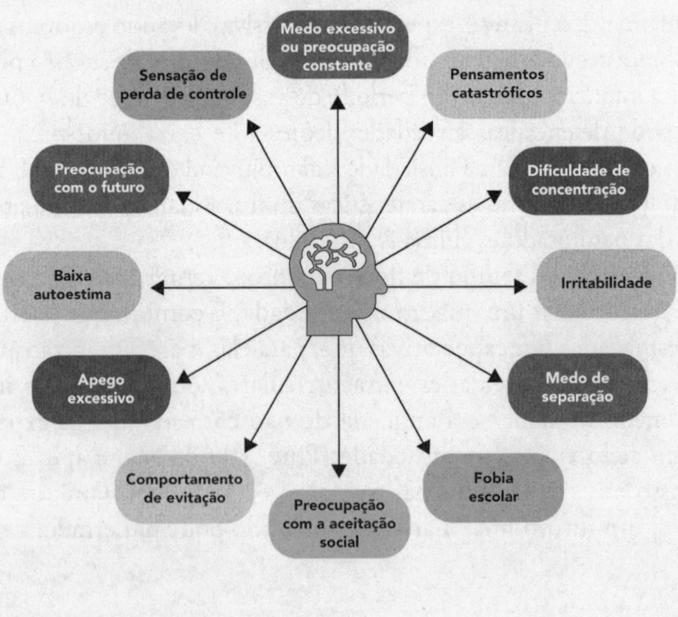

Fonte: adaptada de Universidade de São Paulo. Faculdade de Medicina. Instituto de Psiquiatria. Ambulatório de Ansiedade.

Abordagens terapêuticas e intervenções

O tratamento da ansiedade infantojuvenil deve ser multifacetado e adaptado às necessidades individuais de cada paciente. As principais abordagens terapêuticas incluem intervenções psicoterapêuticas, farmacológicas e estratégias de apoio escolar. No Brasil, a terapia cognitivo-comportamental (TCC) tem se mostrado eficaz na redução dos sintomas ansiosos e na melhora da qualidade de vida das crianças e adolescentes (Silva *et al.*, 2024). Intervenções baseadas na TCC ajudam as crianças a identificarem e a modificarem padrões de pensamento disfuncionais e comportamentos ansiosos, promovendo enfrentamento mais adaptativo. A TCC enfatiza a correção de pensamentos distorcidos, o treino de habilidades sociais, além de exposições graduais e prevenção de respostas baseadas em uma hierarquia de sintomas (inicia-se pelos sintomas menos intensos e, gradualmente, o paciente é exposto a sintomas mais graves), conforme Asbahr (2004).

Adicionalmente, o suporte escolar é fundamental para o sucesso do tratamento. Programas de intervenção escolar no Brasil incluem a capacitação de professores e a implementação de estratégias de apoio dentro da sala de aula. Eles têm mostrado eficácia na redução do impacto da ansiedade no ambiente educacional. A colaboração entre pais, escolas e profissionais de saúde mental é essencial para criar um ambiente compreensivo e adaptado às necessidades da criança. Programas de educação emocional e promoção da saúde mental nas escolas mostram potencial para melhorar o bem-estar e reduzir a incidência de transtornos ansiosos. Iniciativas que promovem habilidades de enfrentamento, resiliência e suporte social podem atuar como mecanismos de proteção contra o desenvolvimento do transtorno. Em alguns casos, a intervenção farmacológica pode ser necessária de forma complementar.

Considerações finais

A ansiedade infantojuvenil é um desafio significativo. Compreender os fatores de risco, os impactos e as abordagens terapêuticas disponíveis é crucial para oferecer suporte eficaz e promover o bem-estar emocional. A integração de intervenções psicoterapêuticas, suporte escolar e estratégias de prevenção pode ajudar a mitigar os efeitos da ansiedade e promover desenvolvimento saudável.

Há indícios de que mudanças sociais provindas do avanço da internet têm influenciado as novas dinâmicas familiares e um novo modo de viver a infância, em um mundo cada vez mais competitivo e com um enorme encadeamento de tarefas. É essencial que pais, educadores e a sociedade em geral reflitam sobre suas implicações e reconheçam que a infância deve ser um período de aprendizado, exploração e formação de vínculos.

Segundo Silva (2018), a família é a primeira estrutura social em que a criança se insere, sendo, portanto, a matriz da identidade que influencia o processo de socialização. Esse processo contribui para o desenvolvimento afetivo, social e cognitivo, permitindo à criança aprender a resolver conflitos, controlar emoções e lidar com adversidades. Assim, a família pode funcionar tanto como um estimulador quanto como um fator de risco para esse desenvolvimento.

A prática se faz a partir do olhar interessado dos pais, com presença atenta e amorosa, combinada com o apoio profissional. Os filhos precisam saber que não estão sozinhos em sua luta e que a ansiedade, embora dolorosa, é algo que pode ser gerido e superado. Promover um ambiente familiar saudável, em que o diálogo e o reforço positivo prevaleçam sobre a punição, é uma estratégia eficaz para ajudar as crianças a lidarem melhor com os desafios da vida moderna. Estabelecer limites claros para o uso da tecnologia e priorizar momentos de desconexão são passos cruciais para restaurar o equilíbrio nas relações familiares. Comparo uma criança a um lindo vaso de flor. O que florescerá? Amar é dar liberdade para que o outro possa ser quem ele é, é dar liberdade para que seu filho erre e saiba que seus erros não afetarão o amor fraternal entre vocês. Errar é parte do processo do desenvolvimento humano, em qualquer idade. As mudanças provocadas pela era digital exigem uma reavaliação das práticas familiares e educacionais. Assim, ao cultivar um ambiente propício, podemos ajudar as crianças a florescerem plenamente em meio aos desafios contemporâneos.

Referências

AMORIM, V. S.; POLETTO, L. Ansiedade infantil e modernidade em tempos de instabilidade emocional. *Revista Gestão e Tecnologia*, v. 2, n. 33, p. 25-36, jul./dez. 2021. Disponível em: https://www.faculdadedelta.edu.br/revistas3/index.php/gt/article/view/89. Acesso em: 26 mar. 2025.

ANTONIUTTI, C. B. P.; LIMA, C. M.; HEINEN, M.; OLIVEIRA, M. S. Protocolos psicoterapêuticos para tratamento de ansiedade e depressão na infância. *Revista Brasileira de Terapias Cognitivas*, v. 15, n. 1, p. 10-18, 2019. Doi: 10.5935/1808-5687.20190004.

ASBAHR, F. R. Transtornos ansiosos na infância e adolescência: aspectos clínicos e neurobiológicos. *Jornal de Pediatria*, Porto Alegre, v. 8, n. 2, p. 30-34, 2004. Disponível em: https://www.jped.com.br/pt-transtornos-ansiosos-na-infancia-e-articulo-X2255553604030090. Acesso em: 26 mar. 2025.

CAÍRES, M. C.; SHINOHARA, H. Transtornos de ansiedade na criança: um olhar nas comunidades. *Revista Brasileira de Terapias Cognitivas*, v. 6, n. 1, p. 62-84, jun. 2010. Disponível em: https://pepsic.bvsalud.org/scielo.php?script=sci_arttext&pid=S1808-56872010000100005. Acesso em: 26 mar. 2025.

CETIC.BR. TIC kids online Brasil. *Cetic.br, [s.d.]*. Disponível em: https://cetic.br/pesquisa/kids-online/. Acesso em: 26 mar. 2023.

EMERICK, A. S. V.; ROSSO, M. L. *A relação da estrutura familiar e o desenvolvimento da ansiedade infantil.* 2020. 19 f. Trabalho de Conclusão de Curso (Graduação em Psicologia) – Curso de Psicologia, Universidade do Sul de Santa Catarina, 2020. Disponível em: https://repositorio.animaeducacao.com.br/items/c242f7f3-2c3f-4f5f-9b72-2f6d0f07729b. Acesso em: 26 mar. 2025.

HAIDT, J. A. *Geração ansiosa.* São Paulo: Companhia das Letras, 2024.

LIMA, M. O. F. F. *et al.* Sintomas de ansiedade e depressão em crianças: associações com o funcionamento familiar. *Psicologia: Ciência e Profissão*, v. 44, p. 1-13, 2024. Doi: 10.1590/1982-3703003261225.

PINE, D. S. Research review: a neuroscience framework for pediatric anxiety disorders. *Journal of Child Psychology and Psychiatry*, v. 48, n. 7, p. 631-648, 2007. Doi: 10.1111/j.1469-7610.2007.01751.x.

RAMOS, V. A. B. Depressão na infância e adolescência. *Psicologia.pt – O Portal dos Psicólogos*, p. 1-22, ago. 2018. Disponível em: https://doceru.com/doc/11seexn. Acesso em: 26 mar. 2025.

RAPEE, R. M. Family factors in the development and management of anxiety disorders. *Clinical Child and Family Psychology Review*, v. 15, n. 1, p. 69-80, 2013. Doi: 10.1007/s10567-011-0106-3.

REIS, M.; LANDIM, I. Relação entre ansiedade social infantil e o uso de controle coercitivo por pais e/ou cuidadores. *Contextos Clínicos*, São Leopoldo, v. 14, n. 1, p.73-97, 2021. Disponível em: http://pepsic.bvsalud.org/scielo.php?script=sci_arttext&pid=S1983-34822021000100005&lng=pt&nrm=iso. Acesso em: 26 mar. 2025.

SILVA, A. K. L. *et al.* O impacto da negligência familiar no desenvolvimento infantil. *Revista Gep News*, Maceió, v. 1, n. 1, p. 274-279, jan./mar. 2018. Disponível em: https://www.seer.ufal.br/index.php/gepnews/article/view/6392. Acesso em: 26 mar. 2025.

SILVA, T.; SILVA, T. Os impactos sociais, cognitivos e afetivos sobre a geração de adolescentes conectados às tecnologias digitais. *Revista Psicopedagogia*, São Paulo, v. 34, n. 103, p. 87-97, 2017. Disponível em: http://pepsic.bvsalud.org/scielo.php?script=sci_arttext&pid=S0103-84862017000100009&lng=pt&nrm=iso. Acesso em: 26 mar. 2025.

VAZ, A. F. C. *et al.* Problemas de comportamento, ansiedade e habilidades sociais de crianças pré-escolares. *Revista Psicologia: Teoria e Prática*, São Paulo, v. 22, n. 1, p. 161-184, jan./abr. 2020. Doi: 10.5935/1980-6906/psicologia.v22n1p185-207.

CAPÍTULO 08

Ansiedade *versus* uso de telas

Uma reflexão sobre o impacto do uso excessivo de eletrônicos na nova geração

Neste capítulo, as famílias farão uma reflexão e encontrarão estratégias para lidar com o acesso de seus filhos aos dispositivos eletrônicos, de maneira consciente e responsável.

Beatriz Moraes

BEATRIZ MORAES

É psicóloga clínica, graduada pelo Instituto Brasileiro de Medicina e Reabilitação (IBMR) e pós-graduada em Psicologia Perinatal e Hospitalar pelo Instituto FAVENI. Especialista em Terapia Cognitivo-comportamental pela ABED, possui formação complementar em Intervenções em Terapia Cognitivo-comportamental para crianças e adolescentes (CAEESM) e Escuta de Crianças e Adolescentes na rede de serviços do SUS (FIOCRUZ). Atualmente, é pós-graduanda em Neuropsicologia: Avaliação e Reabilitação Neuropsicológica pelo CBI of Miami e possui curso em Psicologia do Desenvolvimento pelo Portal da Educação. Além de profissional dedicada, é mãe e apaixonada pelo desenvolvimento infantojuvenil.

Contatos: beatrizmoraes.psi@gmail.com
Instagram: @psi.beatrizmoraes
21 98570 7830

Não devemos enxergar apenas com os olhos da face, que só captam a luz exterior, as ondas eletromagnéticas. Precisamos também enxergar com os olhos do coração, que captam os pensamentos e as emoções das pessoas.

Augusto Cury

Nos últimos anos, o uso de tecnologias digitais vem crescendo de forma constante e até um pouco assustadora, trazendo consigo um aumento das preocupações relacionadas à saúde mental, especialmente no que diz respeito à ansiedade. O acesso desenfreado a dispositivos como smartphones, videogames, tablets e computadores tem modificado não apenas a forma como os jovens se comunicam e interagem, mas também suas emoções, relações e vivências em relação ao mundo ao seu redor. Não estamos falando em proibir totalmente o uso de telas, mas sim em estabelecer limites. Regular e supervisionar o acesso a elas acaba sendo algo necessário e fundamental para o uso consciente e saudável, sem nos esquecer de que nós, como pais, também precisamos nos atentar ao nosso comportamento em relação ao uso das tecnologias quando estivermos na presença dos nossos filhos, pois os adultos exercem papel primordial nesse controle. Segundo o médico e escritor Augusto Cury, "estamos na era do adoecimento psíquico, uma em cada duas pessoas vai desenvolver um transtorno psiquiátrico ao longo da vida".

A ansiedade na infância e na adolescência é uma questão crescente que afeta muitos jovens, essa fase já é marcada por diversas mudanças e desafios, e a ansiedade pode intensificar esses sentimentos. A pandemia de Covid-19 teve impacto significativo na saúde mental das nossas crianças e adolescentes. O isolamento social, o fechamento de escolas e a incerteza quanto ao futuro trouxeram um aumento em relação às preocupações e temores. Para muitos, as redes sociais se tornaram um local de refúgio e conexão, mas também um lugar de comparação excessiva, pressão por um desempenho ideal e acesso a conteúdos trágicos.

A consciência sobre a saúde mental e a busca por apoio profissional quando necessário são fundamentais para auxiliar o público infantojuvenil a navegar por esse período muitas vezes desafiador no qual os pais e os educadores desempenham papel crucial. Nesse contexto, é importante criar um espaço seguro para que as crianças expressem seus sentimentos e preocupações.

Este capítulo busca explorar a relação entre o aumento dos transtornos de ansiedade, cada vez mais presente na vida de nossas crianças e adolescentes, e o uso das tecnologias, abordando as causas, as consequências e possíveis intervenções que podem e devem ser adotadas pelas famílias para promover um uso saudável e favorável das ferramentas digitais.

A ansiedade em crianças e adolescentes pode ser impulsionada por diversos fatores. Entre as principais causas, vamos destacar:

1. **Cyberbullying**: o ambiente digital é um espaço propício para práticas de bullying virtual. As crianças e os adolescentes alvos de cyberbullying experienciam altos níveis de estresse, ansiedade e comportamento depressivo.
2. **Redes sociais**: a pressão para se encaixar e a necessidade de validação social nas redes sociais intensificam os sentimentos de inadequação e comparação. A constante comparação pode gerar uma percepção distorcida de autoimagem, contribuindo para a ansiedade.
3. **Exposição a conteúdos negativos**: o acesso a conteúdos perturbadores e inadequados pode aumentar bastante a sensação de insegurança e medo entre os jovens. Isso é especialmente crítico em um mundo em que as notícias sobre violência e catástrofes estão sempre a um clique de distância.
4. **Dependência tecnológica**: o uso excessivo pode levar à dependência, na qual a criança ou o adolescente se torna incapaz de se desconectar dos dispositivos, prejudicando as interações reais.

Exploramos os fatores relacionados e, a seguir, vamos destacar e entender um pouco melhor as consequências da ansiedade e do excesso de telas:

1. **Saúde física**: a ansiedade frequentemente se manifesta em sintomas físicos, como dores de cabeça, problemas gastrointestinais e tensão muscular. Além disso, o sedentarismo ocasionado pelo tempo que os jovens ficam na frente das telas, sem realizar atividades físicas, pode levar a problemas de saúde.

2. **Desempenho escolar**: pode resultar em dificuldade de concentração e baixa produtividade escolar. Estudantes ansiosos tendem a se sentir sobrecarregados com as demandas acadêmicas, o que pode levar a um desinteresse geral pelos estudos.
3. **Relações interpessoais**: pode prejudicar a capacidade de manter relações saudáveis, o que pode levar crianças e adolescentes a se isolarem e acabarem preferindo interações virtuais, levando à solidão e à ansiedade cada vez maiores.
4. **Alterações no sono**: o uso dos eletrônicos, especialmente à noite, pode prejudicar consideravelmente a qualidade do sono. A luz emitida por essas telas interfere na produção de melatonina, hormônio que regula o nosso sono, resultando em insônia e consequentemente aumentando os níveis de ansiedade.

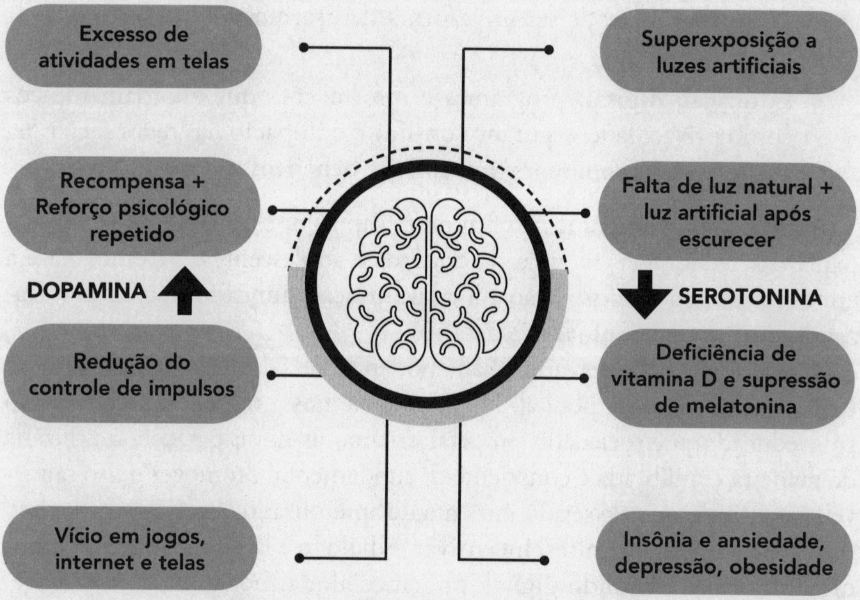

Figura 1: Intervenções e estratégias de prevenção.
Fonte: elaborada pela autora.

Quando falamos sobre prevenir esses excessos, é de extrema importância trazer essa incumbência aos responsáveis. Muitas vezes, os pais cobram dos filhos, porém não dão o exemplo adequado usando de forma desregulada os seus telefones e outros meios de comunicação. Preparei algumas estratégias de intervenção. Vamos juntos?

1. **Limitar o tempo de tela**: estabelecer limites é fundamental, pois crianças e adolescentes ainda não desenvolveram maturidade suficiente para administrar o seu tempo na tela. Fazer combinados de horários e tempo de tela, ter uma rotina funcional com outras atividades como esportes, leituras e estimular as atividades "off-line" é muito importante.
2. **Suporte emocional**: estar e se fazer presente na vida do seu filho, ter um tempo de qualidade durante as semanas corridas. É importante que crianças e adolescentes se sintam confortáveis para expressar suas emoções em seu ambiente familiar, a abertura ao diálogo pode facilitar a identificação de sintomas de ansiedade e a busca por ajuda quando necessário.
3. **Integração de tecnologias positivas**: incentivar o uso de aplicativos que promovam o bem-estar, como meditação, mindfulness e técnicas de respiração, pode ser uma forma de usarmos a tecnologia a favor da saúde mental.
4. **Educação digital**: programas e informações que abordam tópicos como privacidade, segurança on-line e o impacto nas redes sociais na autoestima podem ser extremamente benéficos.

À medida que chegamos ao fim deste capítulo, é crucial refletir sobre o papel das tecnologias na vida de crianças e adolescentes. Vivemos na era em que o acesso à informação e à comunicação nunca foi tão amplo, trazendo muitas oportunidades e desafios.

A tecnologia pode ser uma aliada poderosa na educação, na socialização e no desenvolvimento pessoal. No entanto, é nossa responsabilidade como pais, educadores e sociedade em geral orientar as novas gerações a utilizá-la de maneira equilibrada e consciente. É fundamental promover o uso saudável, garantindo que ela seja ferramenta de aprendizado e crescimento.

Ao implementar limites, incentivar o diálogo e buscar sempre o entendimento sobre o mundo digital, podemos ajudar nossas crianças a navegar por esse ambiente de forma segura e responsável. A educação digital deve ser uma prioridade, equipando-as com as habilidades necessárias para discernir informações, respeitar a privacidade e interagir de maneira ética e empática.

Lembre-se de que o exemplo é uma das melhores formas de ensino. Ao adotarmos práticas saudáveis em nosso próprio uso da tecnologia, inspiramos as crianças a fazerem o mesmo. Juntos, podemos construir um futuro em que a tecnologia enriqueça nossa vida e fortaleça nossos laços.

Com as estratégias apresentadas neste capítulo é possível criar um ambiente mais saudável e equilibrado, no qual as tecnologias sejam ferramentas úteis e não fontes de ansiedade para os nossos jovens. Promover o uso consciente pode não apenas diminuir a ansiedade, mas também ajudar a formar indivíduos mais resilientes e saudáveis.

Ajudar e orientar crianças e adolescentes a desenvolver uma relação saudável com a tecnologia é investir em futuros adultos mentalmente equilibrados e estáveis.

Por fim, convido você, leitor, a fazer uma reflexão. Você realmente se faz presente na vida do seu filho?

Referências

ASBAHR, F. R. *et al. Ansiedade na infância e adolescência*. São Paulo: Manole, 2017.

CURY, A. *Intoxicação digital*: como enfrentar o mal do milênio. São Paulo: Dream Sellers, 2023.

MORETTO, M.; FEITOZA, C. de J. A. *Tecnologias e educação*: desafios e possibilidades. São Paulo: Paco Editorial, 2021.

SIEGEL, D. J.; BRYSON, T. P. *O cérebro da criança*: 12 estratégias revolucionárias para nutrir a mente em desenvolvimento do seu filho e ajudar sua família a prosperar. São Paulo: nVersos Editora, 2015.

CAPÍTULO 09

Asma e ansiedade na criança e no adolescente

Neste capítulo, iremos mostrar como a asma, a principal doença respiratória crônica da infância e adolescência, pode estar associada à ansiedade, sobretudo nas exacerbações e hospitalizações.

Brunna de Paulo Santana

BRUNNA DE PAULO SANTANA

É pediatra e pneumologista pediátrica, graduada em Medicina pela Universidade Federal do Estado do Rio de Janeiro (Unirio, 2013). Concluiu residência médica em Pediatria pelo Prontobaby – Hospital da Criança (2015), obtendo o Título de Especialista em Pediatria pela Sociedade Brasileira de Pediatria (SBP) no mesmo ano. Especializou-se em Pneumologia Pediátrica pelo Instituto de Puericultura e Pediatria Martagão Gesteira (IPPMG/UFRJ, 2017) e conquistou o Título de Especialista em Pneumologia Pediátrica pela SBP e pela Sociedade Brasileira de Pneumologia e Tisiologia (SBPT, 2023). Foi professora substituta de Pediatria na Faculdade de Medicina da UFRJ (2020-2022) e, desde 2017, atua como pneumologista pediátrica do Grupo Prontobaby.

Contatos: drabrunnasantana@gmail.com
Instagram: @drabrunnasantana
21 99632 5790

A asma é a doença respiratória crônica mais comum na infância e na adolescência. Consiste na inflamação crônica das vias aéreas, com episódios recorrentes de chiado (sibilância), falta de ar, aperto no peito e tosse, que ocorrem principalmente durante a noite e no início da manhã. O processo inflamatório, que persiste mesmo fora dos períodos de exacerbação da doença, aumenta a resposta das vias aéreas a diversos estímulos, ocasionando obstrução variável e parcialmente reversível ao fluxo aéreo.

É uma doença heterogênea, com diversas apresentações clínicas e fenotípicas. Nela, ocorre a interação entre fatores ambientais e genéticos. Sendo assim, a criança que possui pais ou irmãos asmáticos e/ou atópicos têm maiores chances de desenvolver a doença. E suas crises podem ser desencadeadas pela exposição a diversos alérgenos, como pelo de animais (cão, gato), poeira, ácaros, pólen, produtos químicos e fumaças em geral, incluindo a de cigarro. Medicações como betabloqueadores (propranolol, atenolol) e ácido acetilsalicílico (AAS), exercício físico, infecções virais, como resfriados, e situações de estresse, incluindo momentos de ansiedade, também podem causar exacerbações da asma.

O corticoide inalatório (CI) é a droga mais eficaz para controle da asma fora dos períodos de crise, como forma de preveni-la. Pode ser utilizado isolado ou associado a uma beta-2 adrenérgico de longa ação (LABA), dependendo da gravidade da doença e da idade do paciente (a partir de quatro anos). A adesão ao tratamento diário e a conscientização sobre a comorbidade e sua gravidade, tanto pelo paciente quanto pelos seus familiares, em conjunto com o acompanhamento médico regular e a orientação adequada da técnica inalatória, são fundamentais para o controle da asma, evitando suas exacerbações e consequentes idas à emergência e hospitalizações.

Quando a doença não está controlada, a criança ou o adolescente entra em crise, apresentando os sintomas habituais da asma. Algumas vezes, os pais, previamente orientados pelos médicos assistentes, conseguem reverter a exacerbação em domicílio com o uso de beta-2 de curta duração (*short acting beta-agonist* – SABA). Entretanto, em algumas situações, mesmo com o uso da medicação de alívio, o asmático precisa ir para a emergência devido à persistência dos sintomas, necessitando realizar mais doses de SABA em curto período (resgate), corticoide sistêmico ou receber oxigênio suplementar; podendo, inclusive, ser hospitalizado se não houver melhora clínica com a conduta realizada.

A ida frequente aos serviços de pronto-atendimento nas crises asmáticas gera ansiedade tanto para os pais quanto para as próprias crianças, sobretudo as maiores, que já compreendem a gravidade da doença. Elas já entendem os procedimentos aos quais serão submetidas, como coleta de sangue, punção venosa para realização de medicamentos, administração das medicações inalatórias e uso de cateter nasal ou máscara facial para receber oxigênio suplementar. A ansiedade e a tensão aumentam com a possibilidade de hospitalização, sobretudo em unidade de terapia intensiva (UTI), onde há a possibilidade de intervenções mais "agressivas", como ventilação não invasiva (VNI) ou a intubação orotraqueal (IOT) associada à ventilação mecânica (VM). Nessas situações, a ansiedade pode contribuir para o aumento da frequência respiratória e causar maior hiperventilação, piorando mais ainda o desconforto respiratório do paciente.

As exacerbações recorrentes e as internações frequentes prejudicam as atividades rotineiras da criança e do adolescente. Segundo Rabello e Saccani, "a criança portadora de uma doença crônica não responde da mesma maneira aos chamados que a sociedade lhe impõe". Com o asmático não é diferente. Ele acaba sendo visto de forma distinta em relação às demais crianças tanto pela escola quanto pela família. Quando a doença não está controlada, seja pela má adesão ao tratamento ou pela persistência dos sintomas mesmo em uso de dose adequada da medicação atual, o paciente não consegue realizar atividades simples, como brincar, correr, subir escadas ou praticar atividades físicas. Além disso, suas hospitalizações recorrentes levam ao absenteísmo escolar, que prejudicam seu rendimento e podem, inclusive, causar a perda do ano letivo.

Os pais de pacientes asmáticos também são afetados pelas crises e internações recorrentes dos filhos, podendo desenvolver ansiedade, estresse e até depressão. Necessitam lidar com gastos extras devido às medicações e precisam abdicar de seus trabalhos e atividades cotidianas, como tarefas domésticas e o cuidado com os outros filhos, para acompanhar a criança asmática durante a hospitalização. É necessária uma rede de apoio para auxiliá-los nesse momento delicado. Entretanto, nem todos os responsáveis conseguem ter ajuda e nem todos os empregadores entendem a situação de saúde desses pacientes. Em algumas circunstâncias, os familiares acabam sendo demitidos devido às internações prolongadas e/ou recorrentes de seus filhos, agravando os possíveis distúrbios psicológicos desses familiares.

A ansiedade também pode estar presente no momento de melhora clínica, tanto no paciente quanto no seu responsável ao ansiarem pela alta da UTI e, em seguida, pela alta hospitalar. Entretanto, em algumas situações, pode acontecer uma eventual piora clínica, com necessidade de retorno para a UTI. Nesses momentos, ocorre um sentimento de frustração, pois a expectativa da tão sonhada alta hospitalar é quebrada, aumentando ainda mais o estresse, a angústia e a ansiedade da criança em relação à hospitalização.

A própria asma na infância pode ser considerada um fator de risco para a ocorrência da ansiedade em adolescentes, conforme corroborado por estudo realizado por Garcia-Sanchez *et al.* (2023), na Austrália. Nele, foi evidenciado que crianças australianas asmáticas apresentam maior risco de desenvolver ansiedade entre 6 e 15 anos de idade, sobretudo próximo do período da puberdade, com risco maior entre as meninas.

Alguns fatores demonstram a asma como causa de ansiedade, entre eles o estresse relacionado ao manejo dos sintomas e tratamentos da doença ou ao efeito dos medicamentos; o estilo parental, associado à agressão dos pais, influenciando negativamente a criança; e mecanismos fisiológicos, como a teoria da citocinese. As citocinas inflamatórias, que fazem parte do processo inflamatório da asma, aumentam a estimulação no eixo hipotálamo-hipófise-adrenal (HPA) e a produção do hormônio liberador de corticotrofina no hipotálamo e na amígdala, regiões cerebrais ligadas ao desenvolvimento de ansiedade.

Pacientes asmáticos necessitam de acompanhamento multidisciplinar com pediatra, pneumologista, alergista, fisioterapeuta, psicólogo e, em casos nos quais a ansiedade está altamente associada, psiquiatra. Garcia-Sanchez *et al.* (2023) também corroboram a importância do apoio psicológico aos pacientes asmáticos com maior risco de desenvolver ansiedade, visto que pode ser benéfico não só para prevenir o aumento do risco e aprender a gerir a situação, mas também beneficia no manejo da própria asma e ajuda a melhorar a qualidade de vida.

De acordo com Rabello & Saccani (2012), "a relação médico-paciente influencia no modo como pacientes e familiares percebem e subjetivam o diagnóstico e o tratamento proposto". Com base nessa afirmação, o médico tem o dever de explicar à criança e ao adolescente asmático sobre sua doença e as possíveis complicações em caso de um tratamento inadequado, da forma mais clara e lúdica possível, sempre respeitando sua curiosidade e possibilidades de entendimento e tirando todas as suas dúvidas. Tais ações contribuem para a adesão ao tratamento proposto e para amenizar as crises de ansiedade em casos de exacerbações e eventuais internações. Também deve-se levar em consideração as informações e solicitações dos cuidadores, as quais podem ser essenciais ao tratamento e para o restabelecimento das relações sociais e afetivas (inclusive familiares) da criança e do adolescente, principalmente se estiverem relacionadas a situações de ansiedade e/ou estresse.

Referências

RABELLO, A. L.; SACCANI, L. P. Doenças crônicas e aspectos psíquicos no tratamento. *In*: POLANCZYK, G. V.; LAMBERTE, M. T. M. R. (Coords.). *Psiquiatria da infância e adolescência*. 1. ed. Barueri: Manole, 2012. p. 310-316. (Coleção Pediatria).

GARCIA-SANCHEZ, D. *et al.* Asthma and anxiety development in Australian children and adolescents. *Pediatr Allergy Immunologic*, v. 34, n. 3, p. e13941, 2023. Doi: 10.1111/pai.13941.

VICENTE FILHO, L. *et al.* Asma. *In*: RODRIGUES, J. C. *et al.* (Coords.). *Doenças respiratórias*. 3. ed. Barueri: Manole, 2019. p. 383-393. (Coleção Pediatria).

CAPÍTULO 10

O impacto da expansão da internet e proliferação das redes sociais na adolescência e seus efeitos na socialização e na ansiedade

As mídias sociais têm importante influência na adolescência, mas seu excesso acarreta consequências: ansiedade, ideias de comparação, medo de perder, pressão por uma imagem idealizada que pode levar a sentimentos de inadequação e baixa autoestima. Por isso, é essencial a atenção dos pais e educadores para as práticas saudáveis de uso e para um equilíbrio entre a vida on-line e off-line.

Clarissa Mafioleti Lopez Oros

CLARISSA MAFIOLETI LOPEZ OROS

É médica, graduada pela Universidade do Grande Rio (Unigranrio, 2014). Com residência em Psiquiatria pelo Hospital Psiquiátrico de Jurujuba, Niterói (2019) e especialização em Psiquiatria da Infância e Adolescência pelo Hospital Universitário Antônio Pedro (HUAP/UFF, 2021). Possui experiência de atuação no Centro de Atenção Psicossocial Infantojuvenil (CAPSi III) Eliza Santa Roza, no Centro de Atenção Psicossocial (CAPS II) Simão Bacamarte e na Psiquiatria de Emergência do Hospital Municipal Pedro II, no Rio de Janeiro.

Contato: clarissaoros@yahoo.com.br

Geralmente quem busca muito acessar tecnologias em busca de prazer procura preencher algo que falta nele.

Anna Lucia Spear King
Psicóloga clínica e fundadora do Laboratório Delete

O início

A ansiedade é um sentimento normal do ser humano e, atualmente, o Brasil é líder em ansiedade no mundo, e os adolescentes estão nessa estatística, em parte pelo uso excessivo de internet e redes sociais. Dados recentes da Pesquisa Nacional por Amostra de Domicílios (PNAD) apontam números elevados no acesso a smartphones, internet e redes sociais. Em 2023, a taxa de acesso à internet pelo celular foi de 98,8% e a taxa de acesso às redes sociais foi de 83,5% (IBGE, 2024a).

A internet surgiu no período da Guerra Fria com o objetivo de trocas de informações militares: ARPANET (Advanced Research Projects Agency). Evoluiu com o correio eletrônico (e-mail) como meio de comunicação entre as universidades. E se popularizou na década de 1990 com a criação do World Wide Web (www) (Almeida, 2005). Assim, a internet tornou-se o principal meio de comunicação utilizado em todo o mundo (mais de cinco bilhões de usuários), e de acordo com o PNAD, aproximadamente 90% das residências brasileiras têm acesso à internet (Silva, 2021; IBGE, 2024b).

As mídias sociais surgiram a partir de 2003 com o MySpace (criação de perfis de usuários e adição de amigos). Seguido pelo Facebook com rolo de notícias, marcação e compartilhamento de fotos e eventos; o Instagram (publicação de imagens), Snapchat, TikTok, entre outros.

De acordo com um artigo da Forbes, o Brasil é o terceiro maior consumidor de redes sociais do mundo. Conforme os dados da Comscore, o YouTube, o Facebook e o Instagram são as redes mais acessadas pelos usuários brasileiros (96,4%, 85,1% e 81,4% respectivamente), seguidos por TikTok, Kwai e Twitter (atual X). Quanto ao tempo de consumo, Instagram e YouTube são as redes com maior tempo de consumo (Pacete, 2023).

As alterações...

O cérebro é constantemente exposto às mídias sociais e à sua velocidade de troca de informações, com consequências e mudanças neuroquímicas, neuroanatômicas e psíquicas relacionadas ao padrão de uso da internet e ao comportamento dos indivíduos.

A utilização excessiva das redes sociais deixa o indivíduo em maior estado de alerta por frequentemente "aguardar" as notificações, ou conferir as atualizações inúmeras vezes, aumentando as recompensas sociais. Durante a adolescência, o desenvolvimento normal do cérebro envolve uma reorganização estrutural e funcional significativa: é a fase de imaturidade – os sistemas cerebrais monoaminérgicos cortical frontal e subcortical têm condutas mais impulsivas, com consequente dificuldade de controle de regulação do comportamento (Maza & Fox, 2023; Moura *et al.*, 2021).

O estudo de coorte *Association of Habitual Checking Behaviors on Social Media With Longitudinal Functional Brain Development* aponta que as mídias sociais (Facebook, Instagram e Snapchat) oferecem aos adolescentes oportunidades de interações sociais durante um período crítico do desenvolvimento, no qual o cérebro está sensível ao feedback social, devido ao aumento da reatividade neural – em regiões de rede motivacional, saliência afetiva (ínsula e amígdala) e controle cognitivo (córtex pré-frontal dorsolateral) – relacionadas a recompensas e redução da capacidade de resistir aos impulsos de verificar as mídias sociais (Maza & Fox, 2023).

Outro estudo aponta que alterações cerebrais estruturais se baseiam no conhecimento da neuroplasticidade dos componentes do vício e do comportamento excessivo e sugere que alterações nos volumes de substância cinzenta (morfologia cerebral) de áreas específicas de interesse estão associadas a vícios de tecnologia e a um padrão cerebral impulsivo (He, Turel & Bechara, 2017).

Vale ressaltar a função do neurotransmissor dopamina – essencial para o sistema de recompensa e associado aos hormônios da felicidade (sensações de prazer, satisfação, motivação, atuando nos processos cognitivos). A dopamina é sintetizada por neurônios com diferentes funções e projetada para o córtex cerebral, estando associada às sensações de gratificação, como pontuado por Jackson Bittencourt (Bueno, 2024).

Um artigo da revista *NeuroImage* relata que aplicativos como TikTok e Instagram ativam áreas do cérebro ligadas a um sistema de recompensa por meio de seus vídeos, os quais causam a sensação de satisfação momentânea. Essa gratificação rápida, por sua vez, deixa o indivíduo mais tempo ligado ao aplicativo devido à facilidade em sentir prazer (Bueno, 2024).

As consequências...

As redes conectam pessoas umas às outras e geram a ativação do sistema de recompensa em busca de gratificação, porém, deve-se ter maior atenção na adolescência (fase de transição entre a infância e a vida adulta), marcada por mudanças físicas, psicológicas, emocionais e sociais. É a fase de autodescoberta, de busca por independência, por círculos de relacionamento, identidade, escolhas, medos e desafios.

O uso da internet nesse período tende a se tornar mais frequente, justificando-se pela busca por interação e pela aproximação com grupos de pensamento e comportamento semelhantes, incluindo comunidades de jogos on-line. É no início da adolescência que o cérebro "aumenta a capacidade de receber sinais da dopamina e da ocitocina", como apontado pelo médico Mitch Prinstein, o que faz com que as pessoas almejem por atenção, visibilidade e busquem um lugar dentro de seu grupo social (Loaiza & Melo, 2021).

A alta frequência de uso das redes sociais torna os indivíduos dessa faixa etária mais vulneráveis, devido à sensação de rápida satisfação, comparações do estilo de vida e ao corpo, cyberbullying, baixa autoestima, aumento da ansiedade e do imediatismo. A dificuldade em "esperar" é notória, a inquietação para não perder as atualizações e a preocupação quanto ao número de visualizações geram comportamentos ansiosos.

Como citado no artigo "*Fear of missing out* (FoMO), mídias sociais e ansiedade: uma revisão sistemática", os comportamentos de verificação compulsiva e o engajamento exacerbado nas mídias sociais, especificamente quando não há o sentimento de pertencimento ou quando sentem que estão perdendo experiências compartilhadas importantes, evidenciam as consequências psicológicas negativas (Moura *et al.*, 2021).

Os adolescentes apresentam uma preocupação com o que postar em rede social e o quanto os influencia o que é compartilhado por outras pessoas, gerando uma autocrítica significativa, com maior conexão virtual e menor interação física. E mesmo em situações em áreas externas, como um passeio no parque, é possível ver adolescentes com celulares nas mãos, correndo e se filmando enquanto interagem de forma virtual, gerando a espera pelo "engajamento", pelos "*likes*", que, quando não alcançados, tendem a gerar frustração e questionamentos do tipo de postagem, acompanhado do pensamento de autocrítica.

Esse tipo de comportamento satisfaz a necessidade de pertencimento, socialização, entretenimento e formação de identidade (Moura *et al.*, 2021). Em contrapartida, nota-se a intensidade do estado de alerta durante a espera, que é preenchida pelas inúmeras checagens das notificações e uma expressão de impaciência ou irritabilidade quanto ao "aguardar", causando sensações de ansiedade, de angústia e frustração.

Todo o excesso e a influência das redes sociais na saúde mental provocam aumento da ansiedade, como a ansiedade social, que inclui a comparação e superexposição a informações. Há maior pressão para manter uma imagem idealizada e atraente diante dos contatos. O alto engajamento nas redes sociais pode ser parcialmente explicado pelo conceito *Fear of Missing Out* (FoMO) – medo de perder –, levando indivíduos a se sentirem obrigados a checar frequentemente suas mídias para se manterem atualizados e conectados com os outros, desencadeando impactos negativos em sua saúde mental e física (ansiedade, irritabilidade, alteração do sono, dores musculares etc.) (Moura *et al.*, 2021).

O aumento da interação virtual tem outras consequências e problemas sociais: separação do convívio social, solidão, dependência digital, alteração do sono e depressão. Os adolescentes buscam as redes sociais como forma de preencher o vazio, com acesso a amigos virtuais e dividindo informações, gerando a falsa impressão de felicidade, mas com distanciamento das outras pessoas, seja afetiva ou socialmente. No entanto, ao se desconectar, a realidade se torna distorcida, como se as pessoas ao seu redor não fizessem parte do seu cotidiano (Silva & Silva, 2017).

Observa-se que o uso elevado de tecnologias digitais provoca alterações cognitivas em adolescentes, pois a intensa atividade cerebral na recepção de inúmeros dados (imagens, textos e vídeos) sobrecarrega a memória de trabalho, resultando em uma ativação inadequada da memória de longo prazo, o que não é uma forma de aprendizagem.

O que fazer?

O relacionamento adequado com as redes sociais inclui: limites do tempo de uso diário da internet, consciência das consequências psicológicas e sociais do uso desenfreado dela; escolha de conteúdos positivos (evitar comparações ruins); equilibrar com atividades fora da internet (atividades sociais e coletivas, desenvolver habilidades emocionais). Contudo, nos casos em que a internet e as redes sociais causam danos à saúde mental, é essencial buscar apoio profissional (psicológico, terapia familiar, psicofarmacológico) e observar os sinais de vício em internet, ansiedade, depressão entre outros transtornos associados.

A educação dos pais sobre o vício em internet é importante na prevenção, pois são eles que percebem os primeiros sinais de uso nocivo da internet e das redes sociais. Por isso, ao saber do risco, eles estarão mais preparados para gerenciar o tempo de tela e lidar com a impulsividade, com consequente redução dos fatores de risco do vício em internet.

Em resumo, o entendimento, a psicoeducação, o suporte e a não estigmatização são fundamentais para as situações de prevenção, sofrimento e tratamento.

Referências

ALMEIDA, J. M. F. *Breve história da internet.* Braga: Departamento de Sistemas de Informação da Universidade do Minho, 2005. Disponível em: https://hdl.handle.net/1822/3396. Acesso em: 17 fev. 2025.

BUENO, F. Gratificação rápida é um dos fatores que podem explicar a dependência das redes sociais. *Jornal da USP*, São Paulo, 24 jan. 2024. Disponível em: https://jornal.usp.br/?p=715127. Acesso em: 17 fev. 2025.

HE, Q.; TUREL, O.; BECHARA, A. Brain anatomy alterations associated with Social Networking Site (SNS) addiction. *Scientific Reports*, v. 7, n. 45064, 2017. Disponível em: https://doi.org/10.1038/srep45064. Acesso em: 17 fev. 2025.

INSTITUTO BRASILEIRO DE GEOGRAFIA E ESTATÍSTICA (IBGE). *Módulo de Tecnologia de Informação e Comunicação (TIC) da Pesquisa Nacional por Amostra de Domicílios (PNAD) Contínua 2023*: em 2023, 88,0% das pessoas com 10 anos ou mais utilizaram Internet. 2024a. Disponível em: https://agenciadenoticias.ibge.gov.br/agencia-noticias/2012-agencia-de-noticias/noticias/41026-em-2023-87-2-das-pessoas-com-10-anos-ou-mais-utilizaram-internet. Acesso em: 17 fev. 2025.

INSTITUTO BRASILEIRO DE GEOGRAFIA E ESTATÍSTICA (IBGE). *Módulo de Tecnologia de Informação e Comunicação (TIC) da Pesquisa Nacional por Amostra de Domicílios (PNAD) Contínua 2023*: internet foi acessada em 72,5 milhões de domicílios do país em 2023. 2024b. Disponível em: https://agenciadenoticias.ibge.gov.br/agencia-noticias/2012-agencia-de-noticias/noticias/41024-internet-foi-acessada-em-72-5-milhoes-de-domicilios-do-pais-em-2023. Acesso em: 17 fev. 2025.

KEMP, S. *Digital 2023*: global overview report. 2023. Disponível em: https://datareportal.com/reports/digital-2023-global-overview-report. Acesso em: 17 fev. 2025.

LOAIZA, M. V.; MELO, C. Carência por like está quimicamente relacionada ao vício, alerta especialista. *CNN Salud*, 2021. Disponível em: https://cnnespanol.cnn.com/2021/10/29/redes-sociales-adictivas-facebook-instagram-twitter-orix/. Acesso em: 17 fev. 2025.

MAZA, M. T.; FOX, K. A. Association of habitual checking behaviors on social media with longitudinal functional brain development. *JAMA Pediatrics*, v. 177, n. 2, p. 160-167, 2023. Disponível em: https://jamanetwork.com/journals/jamapediatrics/fullarticle/2799812. Acesso em: 17 fev. 2025.

MOURA, D. *et al.* Fear of missing out (FoMO), mídias sociais e ansiedade: uma revisão sistemática. *Psicología, Conocimiento y Sociedad*, v. 11, n. 3, p. 147-168, 2021. Disponível em: https://revista.psico.edu.uy/index.php/revpsicologia/article/view/660. Acesso em: 17 fev. 2025.

PACETE, L. G. Brasil é o terceiro maior consumidor de redes sociais em todo o mundo. *Forbes*. 2023. Disponível em: https://forbes.com.br/forbes-tech/2023/03/brasil-e-o-terceiro-pais-que-mais-consome-redes-sociais-em-todo-o-mundo/. Acesso em: 17 fev. 2025.

RODRIGUES, C. D. Ansiedade na adolescência: os impactos das redes sociais na contemporaneidade. *Brazilian Journal of Health Review*, Curitiba, v. 6, n. 5, p. 25861-25873, 2023. Disponível em: https://ojs.brazilianjournals.com.br/ojs/index.php/BJHR/article/view/64258/46157. Acesso em: 17 fev. 2025.

SILVA, D. N. História da internet. *Brasil Escola*. 2021. Disponível em: https://brasilescola.uol.com.br/informatica/internet.htm. Acesso em: 17 fev. 2025.

SILVA, T. O.; SILVA, L. T. G. Os impactos sociais, cognitivos e afetivos sobre a geração de adolescentes conectados às tecnologias digitais. *Revista Psicopedagogia*, São Paulo, v. 34, n. 103, 2017. Disponível em: https://pepsic.bvsalud.org/scielo.php?script=sci_arttext&pid=S0103-84862017000100009. Acesso em: 17 fev. 2025.

CAPÍTULO 11

Reflexões e fatos sobre a saúde mental dos nossos jovens

O texto a seguir aborda os desafios à saúde mental de crianças e adolescentes na era da alta conectividade, evidenciando o aumento da ansiedade e do estresse, agravados pela pandemia, segundo dados da OMS e *JAMA Pediatrics*. Destaca-se aqui a necessidade urgente do apoio familiar e da implementação de políticas eficazes que valorizem as experiências de convívio social para os adolescentes.

Cristiane Ferreira

CRISTIANE FERREIRA

É psicóloga clínica, atua no Rio de Janeiro no atendimento de crianças, adolescentes e adultos. Pós-graduada em Terapia Cognitivo-comportamental pela PUC/RS e especializada em Neuropsicologia, Psicopedagogia e Terapia ABA, abordagem amplamente utilizada no tratamento do transtorno do espectro autista. Possui formação em Perícia Psicológica-Judicial, Avaliação e Intervenção Psicopedagógica, além de Adaptações Curriculares e Mediação Escolar, com foco inclusivo e no suporte a transtornos de aprendizagem. Além da prática clínica, atua na avaliação neuropsicológica, analisando funções cognitivas, comportamentais e emocionais.

Contatos: psicrisferreira.com.br
psi.crisferreira@gmail.com
Instagram: @psi.cristianeferreira
21 98560 3388

É preciso se lembrar de onde viemos para chegar até quem somos.

Castro, 2023

Vivemos em uma era marcada pela velocidade. A revolução tecnológica, com a internet e as redes sociais, transformou radicalmente a forma como nos comunicamos, trabalhamos e nos relacionamos. Essa aceleração constante, que exige respostas imediatas e uma busca incessante por novidades, molda o cotidiano de todos nós, em especial das crianças e dos adolescentes. As crianças e os adolescentes desta geração já nascem debaixo de um novo conceito de tempo. Também já nascem com uma exposição muito maior de sua vida e, com isso, trazem consigo o peso de olhares estranhos e julgamentos precoces.

- Tempo mais rápido do que de fato ele é.
- Olhares de pessoas invadindo sua privacidade.
- Julgamento de ações e/ou o próprio corpo.

Esses três pontos, sabemos muito bem, são algumas das principais causas de um problema de saúde mental muito sério: a ansiedade. O grande problema nessa situação é que, por ainda serem vulneráveis e sem uma consciência formada a respeito de seus próprios limites, tornam-se indefesos e, consequentemente, vítimas frágeis para o aparecimento precoce dos problemas de saúde mental, como a ansiedade e a depressão.

A instantaneidade e a conectividade constantes no mundo atual, enquanto oferecem inúmeras oportunidades, também impõem desafios significativos para uma mente saudável. O ritmo acelerado da vida moderna, a exposição constante a conteúdo inadequado para a idade, críticas nas redes sociais e a sobrecarga de informações, como falamos anteriormente, podem levar a ansiedade, estresse e isolamento, impactando diretamente o bem-estar emocional dos jovens.

Alie-se a tudo isso um período como o da pandemia de Covid-19, no qual uma série de restrições e de preocupações foram adicionadas à nossa rotina, e temos assim uma junção de condições que vão criar um cenário extremamente preocupante com relação ao equilíbrio psicológico dessas crianças e adolescentes.

Nos próximos parágrafos, falaremos sobre alguns dados recentes sobre o tema, mas antes uma colocação importante. Um pedido. Uma pausa. Consegue fazer uma reflexão? Pare e lembre-se de seus dias de criança. Das brincadeiras com os primos, amigos. Lembre-se dos lugares que ficaram na lembrança e que, ainda que sujeitos à distância imposta pelo tempo, parecem estar bem ao nosso lado, quando fechamos os olhos para nos lembrar. Adiante, você entenderá o motivo desse pedido.

Vamos aos dados

Em um estudo de 2017, a Organização Mundial da Saúde (OMS) estima que, antes da pandemia, cerca de 9,3% da população brasileira sofria de transtornos de ansiedade, sendo o Brasil um dos países com maior prevalência dessa condição no mundo. Esses números mostram uma situação alarmante mesmo antes da pandemia, e que se agravou muito com a chegada da Covid-19.

Essa informação é ratificada por um estudo publicado em *JAMA Pediatrics*, que aponta:

Entre 2016 e 2020, houve aumentos significativos na ansiedade e depressão diagnosticadas em crianças, além de redução da atividade física e do bem-estar mental e emocional do cuidador e do enfrentamento das demandas parentais (Lebrun-Harris *et al.*, 2022).

Os aumentos na ansiedade e na depressão eram evidentes antes mesmo do início da pandemia. Outro ponto importante destacado no estudo é a afirmação: “houve uma redução significativa na proporção de crianças em idade escolar que praticavam pelo menos sessenta minutos de atividade física diária” (Lebrun-Harris *et al.*, 2022).

A pandemia de Covid-19 teve um impacto profundo na vida de pessoas em todo o mundo, mas talvez um dos grupos mais afetados tenha sido o das crianças e adolescentes. Desde o início das restrições sociais e do fechamento de escolas, houve aumento significativo no número de jovens que relataram problemas de saúde mental, como ansiedade, depressão e comportamentos suicidas. Esses dados se encontram em um relatório de

2022, publicado pela OMS, e que traz estudos sobre as evidências iniciais dos impactos deste período compreendido entre 2020 e 2021.

Um dos achados mais alarmantes dos estudos conduzidos durante a pandemia foi o aumento da prevalência de condições de saúde mental entre crianças e adolescentes. Especificamente, a OMS apontou que pessoas mais jovens estavam particularmente vulneráveis a problemas de saúde mental devido ao isolamento social, à interrupção das rotinas escolares e ao aumento das tensões familiares (OMS, 2022). O estudo também revelou que essa faixa etária apresentou um aumento nas taxas de pensamentos suicidas e suicídios, refletindo o agravamento dos fatores de risco preexistentes.

Além disso, a pandemia destacou as disparidades raciais e socioeconômicas no impacto sobre a saúde mental, com jovens de famílias de baixa renda e de minorias raciais apresentando taxas mais altas de dificuldades emocionais. Conforme relatado pela OMS (2022), o isolamento social, uma medida necessária para conter a propagação do vírus, contribuiu significativamente para o aumento dos níveis de ansiedade entre os jovens. Em decorrência desse isolamento, muitos desses jovens, que já passavam grande parte do dia em smartphones e redes sociais, aumentaram consideravelmente essa exposição como forma de lidar com a solidão. Paradoxalmente, esse comportamento também contribuiu para o aumento dos níveis de ansiedade e outros problemas de saúde mental.

Esse cenário levanta questões importantes sobre como podemos apoiar melhor nossos jovens durante a intensificação da recorrência dos problemas emocionais. Programas de apoio em escolas e comunidades são fundamentais para mitigar os efeitos em longo prazo na saúde mental das crianças e dos adolescentes. A interrupção das rotinas escolares, a falta de interação social e o aumento do estresse familiar devido a dificuldades econômicas são apontados como fatores contribuintes para o aumento dos problemas de saúde mental, e é crucial desenvolver estratégias para lidar com essas questões.

A reflexão sobre a saúde mental das crianças e adolescentes deve se tornar um hábito diário em nosso dia a dia. Precisamos considerar o papel das experiências e interações que moldam a vida dos jovens. Como mencionado anteriormente, os estudos afirmam que houve redução na atividade física das crianças. E é aqui que se deve voltar ao período de reflexão, que chamamos sua atenção, nos parágrafos iniciais deste capítulo: brincar na casa da avó, interagir com irmãos, primos e amigos, ou simplesmente explorar o mundo ao seu redor com curiosidade e liberdade. Muitos adultos têm memórias emocionais valiosas da infância, e essas experiências são fundamentais, não só para aquele momento em si, da diversão, mas também na construção de quem somos e na formação de uma saúde mental robusta.

Entretanto, há um risco crescente de que, atualmente, crianças e adolescentes estejam sendo privados de experiências fundamentais. A dependência excessiva de dispositivos eletrônicos, as comparações nas redes sociais, a pressão acadêmica e a falta de tempo para o lazer são fatores que contribuem para esse cenário. Precisamos aprender a desafiar nossas crianças a explorarem o mundo de experiências à sua volta. Precisamos estimulá-las e ajudá-las a amplificar sua sensibilidade para viverem o momento e a valorizarem companhias, jogos e a coletividade. Muitas vezes, imersos nas demandas do cotidiano, deixamos de valorizar as pequenas, mas significativas, experiências que moldam a vida. E é esse aprendizado que precisamos passar para nossas crianças.

Para viver de forma plena, é essencial que esse público seja encorajado a valorizar os momentos presentes, a construir memórias significativas e a desenvolver uma consciência emocional. Isso não significa viver como se não houvesse amanhã, mas sim extrair o máximo dos momentos, que são únicos, e devem ser aproveitados ao máximo. Nossa saúde mental e a de nossas crianças e adolescentes dependem dessa valorização do "agora", em que cada experiência, interação e aprendizado contribuem para uma vida mais plena e uma mente mais sadia, formando assim adultos mais equilibrados.

Como conclusão e resumo para tudo o que expomos, percebemos que o aumento nas taxas de ansiedade, depressão e outras dificuldades emocionais entre os jovens, vem crescendo mesmo antes da pandemia. E aqui destaca-se a necessidade de uma resposta consistente em termos de políticas públicas e de saúde para abordar essas questões.

Entendemos ser necessário apoiar as gerações atuais e futuras para que tenham a chance de desenvolver, corpo e mente, de uma forma sadia. Como adultos hoje, é nosso dever garantir que as crianças e os adolescentes possam ter as mesmas oportunidades de construir memórias valiosas que os ajudem a desenvolver uma saúde mental sólida, assim como muitos de nós tivemos em nossa infância. Os adultos de amanhã vão nos agradecer. Para encerrar, um trecho de um poema de Allan Dias Castro (2022):

Pensa nesta vida como se fosse uma viagem,
Nossos ancestrais nos deram a passagem,
Mas ninguém pode viajar no lugar de alguém.

Nessa viagem, para qual destino é a passagem que estamos entregando aos nossos filhos?

Referências

CASTRO, A. D. *O colecionador de saudades*. [*s.l.*]: Sextante, 2023.

LEBRUN-HARRIS, L. A.; GHANDOUR, R. M.; KOGAN, M. D.; WARREN, M. D. Five-year trends in US children's health and well-being, 2016-2020. *JAMA Pediatrics*, v. 176, n. 7, p. 1-11, 2022. Doi: 10.1001/jamapediatrics.2022.0056.

ORGANIZAÇÃO MUNDIAL DE SAÚDE. Depression and other common mental disorders global health estimates. *OMS*, 3 jan. 2017. Disponível em: https://www.who.int/publications/i/item/depression-global-health-estimates. Acesso em: 25 ago. 2024.

ORGANIZAÇÃO MUNDIAL DE SAÚDE. Mental health and Covid-19: early evidence of the pandemic's impact: scientific brief. *OMS*, 2 mar. 2022. Disponível em: https://www.who.int/publications/i/item/WHO-2019-n-CoV-Sci_Brief-Mental_health-2022.1. Acesso em: 25 ago. 2024.

ORGANIZAÇÃO PANAMERICANA DE SAÚDE. Pandemia de Covid-19 desencadeia aumento de 25% na prevalência de ansiedade e depressão em todo o mundo – OPAS/OMS. *OPAS*, 2 mar. 2022. Disponível em: https://www.paho.org/pt/noticias/2-3-2022-pandemia-covid-19-desencadeia-aumento-25-na-prevalencia-ansiedade-e-depressao-em. Acesso em: 25 ago. 2024.

CAPÍTULO 12

Ansiedade na segunda infância

Este capítulo convida você a pensar na atuação com crianças pequenas, especificamente no período da segunda infância, colocando-as como protagonista de seu processo, de modo que seja possível não só olhar para seus problemas, mas também utilizar suas potencialidades para superar suas dificuldades, como a ansiedade generalizada.

Débora Oliveira Guerra

DÉBORA OLIVEIRA GUERRA

É psicóloga, graduada pela PUC-MG (Poços de Caldas), com pós-graduação em Intervenção ABA para autismo e deficiência intelectual pelo CBI of Miami. Atualmente, cursa pós-graduação em Neurociências, Educação e Desenvolvimento Infantil pela PUC-RS. Facilitadora da Oficina das Emoções, voltada para crianças de quatro a dez anos. Atua exclusivamente com crianças e adolescentes na prática clínica. Além disso, é criadora de materiais terapêuticos lúdicos que auxiliam psicólogos no trabalho com o público infantojuvenil.

Contatos: deboraguerra1@hotmail.com
Instagram: @psideboraguerra
35 99744 8386

Cada criança é como é, única, especial, sensível, inteira.

Todas as crianças estão em permanente estado de transformação, permeáveis que são ao mundo, aos outros, aos ambientes, às palavras e expressões que absorvem, aos estímulos que recebem ou à falta destes.

Cada criança é como é.

E nosso desafio não é mudá-las, mas conhecê-las e aceitá-las, acolhê-las e propiciar situações para que tenham vez e voz.

Dar-lhes espaços, tempos e respiros para serem quem são.

Adriana Friedmann

Compreende-se que a segunda infância abrange dos três aos seis anos. Durante essa fase, as crianças passam por diversos ganhos de habilidades, nas áreas cognitivas, sociais, emocionais e físicas. A capacidade de entender e regular emoções e a ampliação do raciocínio lógico e formal são destaques nessa fase (Martorell *et al.*; 2020).

Ao longo da infância, é comum que as crianças sintam medos, como o medo do escuro, de monstros ou de estranhos. Esses medos fazem parte do desenvolvimento normal e tendem a ser temporários. Contudo, situações que geram medo e ansiedade de forma duradoura podem indicar um risco significativo de impactos negativos em longo prazo, podendo comprometer sua capacidade de aprender e de se relacionar socialmente com os outros (*National Scientific Council on the Developing Child*, 2010).

Considerando a ansiedade como uma temática ampla, este capítulo focalizará na ansiedade generalizada.

As crianças que apresentam ansiedade generalizada se preocupam com várias questões, de maneira intensa e difícil de controlar. Crianças com essa condição, não necessitam de um motivo específico para se sentir dessa forma. Com frequência, mesmo sem entender a razão, passam bastante tempo pensando no pior, demonstrando incapacidade para enfrentar situações cotidianas (Dumas, 2018).

Isso pode incluir medo de conhecer pessoas e lugares novos, experimentar uma comida diferente ou até mesmo medo de mudanças.

É fato que o processo terapêutico com crianças menores pode ser desafiador. Em minha experiência clínica, constato que experiências sensoriais que permitem o entendimento de explicações complexas favorecem o aprendizado de novas habilidades.

Considerando que as crianças aprendem por meio do brincar e das experiências concretas e sensoriais que vivenciam (Martorell *et al.*, 2020), proponho-me a apresentar algumas estratégias lúdicas validadas em minha prática clínica. As atividades a seguir têm como objetivo permitir o contato gradual da criança com experiências que geram sintomas ansiogênicos, permitindo que, primeiro, elas entendam de forma lúdica que experiências novas podem ser positivas e, aos poucos, colocando-as em contato com suas reais dificuldades.

Brincando de cientista – explorando novas descobertas

Converse com a criança com que vocês irão brincar de cientistas e farão algumas descobertas juntos. A proposta é primeiro vocês apresentarem ingredientes em que a experiência não dará certo e depois apresentar ingredientes essenciais para que a experiência dê certo.

Vocês podem testar diversas experiências científicas juntos e até mesmo receitas culinárias (ao final do capítulo, haverá um QR Code com três propostas de experiências para vocês fazerem).

Em conjunto com essas atividades, incentive os pais a continuarem fazendo experiências com a criança em casa. O objetivo é mostrar para as crianças que novas experiências podem ser positivas, e que nem sempre algo dará certo de primeira, mas é possível ir testando ideias até dar certo (assim como um cientista).

Crie um livro de conquistas

Esse livro pode ser feito tanto no contexto clínico como no familiar.

Oriente a criança e sua família a criar um caderno para registrar suas conquistas ao longo dos dias. Essa prática busca redirecionar a atenção dos pais e da criança, afastando o foco dos sinais de ansiedade e preocupações, e incentivando a valorização dos comportamentos de enfrentamento e das conquistas, que podem passar despercebidas (Stallard, 2010).

Note que a importância deve ser dada não apenas ao enfrentamento das dificuldades relacionadas à ansiedade, mas também na ênfase em comportamentos adaptativos e de aprendizado em novas habilidades, como, por exemplo:

- Aprender a fazer uma receita em família.
- Aprender uma brincadeira nova.
- Criar brincadeiras.
- Realizar atividades artísticas e manuais (pinturas, desenhos e criação com lego).

Também é possível acrescentar fotos de marcos na vida da criança:

- Primeiro dente a cair.
- Primeira ida à piscina.
- Primeira viagem em família.
- Primeira vez experimentando uma comida nova.

Incentive a criança a registrar essas experiências com base nos seus sentidos também. Se, por exemplo: ela conseguiu ir pela primeira vez a um parque cheio de gente, mesmo tendo muito medo ao estar na presença de pessoas novas. Ela pode pegar uma folha do parque e colar no caderno, trazendo o registro sensorial da nova experiência vivenciada.

Assim, você trará o foco da criança para as coisas que ela consegue fazer, e não somente daquilo que ainda é difícil para ela.

Invista em oficinas emocionais

A ansiedade infantil, especialmente quando generalizada, pode impactar diversas áreas do desenvolvimento da criança, desde as interações sociais até o desempenho acadêmico. Uma estratégia eficaz é a realização de oficinas emocionais em grupo. Esses encontros, que combinam aprendizado e brincadeiras, criam um ambiente seguro e acolhedor onde as crianças podem expressar seus sentimentos, compartilhar experiências e desenvolver habilidades socioemocionais.

Ao participar de atividades coletivas, a criança percebe que não está sozinha em seus medos e preocupações. Ela aprende, na prática, que outras crianças também sentem ansiedade e que existem estratégias para lidar com esses sentimentos.

Uma dinâmica especialmente envolvente é a brincadeira de detetive. Cada criança recebe uma lupa de brinquedo e é convidada a explorar possibilidades, buscar pistas e investigar evidências antes de tirar conclusões. Por meio de histórias lúdicas, como o sumiço de uma peça rara de um museu, as crianças são estimuladas a coletar informações, conversar com novas pessoas e resolver desafios. Essa abordagem as ajuda a olhar para suas inseguranças com curiosidade, questionando antes de temer e focando na solução de problemas.

Valorize aquilo que a criança tem de bom

Esse ponto é muito importante, pois quando uma criança chega para nós, costumamos focar nas suas dificuldades e em planejar em como podemos ajudá-la a lidar com seus problemas. No entanto, mais importante do que isso, precisamos focar no que aquela criança já sabe fazer e identificar qual é o potencial dela.

Crianças pequenas podem ter dificuldades de falar sobre pensamentos e fazer planejamentos, mas lhe dê a oportunidade de criar ideias com peças de encaixe, massinha, pintura, criar histórias... podem surgir materiais surpreendentes.

Aproveite disso! Mostre isso para a criança na prática e na experiência. Exemplo:

— Olha! Que ideia incrível você teve! Você conseguiu transformar materiais recicláveis em uma pipa ou em uma casa. Você consegue ter várias ideias.

Agora, vamos fazer como você fez aqui e pensar em uma ideia para superar algo que ainda não consegue?

Primeiro, você valoriza o que a criança já sabe fazer, depois você trabalha com a dificuldade que ela apresenta.

E não se esqueça, quando falamos em atuar na área da infância, precisamos antes de tudo praticar a conexão, a escuta ativa e atenta.

Incrementar atividades lúdicas e criativas nas intervenções com crianças não só facilita a expressão, como também torna o processo mais natural e envolvente. As crianças, muitas vezes, não conseguem colocar em palavras o que sentem, mas podem fazê-lo por meio de brincadeiras e atividades lúdicas.

Quando entramos nesse universo lúdico, as crianças se abrem de uma forma única, e é nesse espaço que conseguimos trabalhar questões emocionais de uma maneira leve e respeitosa.

E lembre-se de desenvolver esse trabalho em conjunto com os pais, que são essenciais para um trabalho consistente e generalizado para outros ambientes.

Acesse o QR Code a seguir para ver o **modelo livro de conquistas** e **experiências científicas** para fazer com as crianças.

Referências

DUMAS, J. *A criança ansiosa:* compreender o medo do medo e devolver a coragem. São Paulo: Edições Loyola, 2018.

FRIEDMANN, A. *A vez e a voz das crianças*: escutas antropológicas e poéticas das infâncias. 1. ed. São Paulo: Panda Books, 2020.

MARTORELL, G. *et al. O mundo da criança*: da infância à adolescência. 13. ed. Porto Alegre: AMGH, 2020.

NATIONAL SCIENTIFIC COUNCIL ON THE DEVELOPING CHILD. Persistent fear and anxiety can affect young children's learning and development. *Working Paper*, n. 9, 2010. Disponível em: https://developingchild.harvard.edu/resources/working-paper/persistent-fear-and-anxiety-can-affect-young-childrens-learning-and-development/. Acesso em: 17 fev. 2025.

STALLARD, P. *Ansiedade*: terapia cognitivo-comportamental para crianças e jovens. Porto Alegre: Artmed, 2010.

CAPÍTULO 13

Transtornos de ansiedade e o IDADI como ferramenta de avaliação e intervenção

O aumento dos transtornos em crianças preocupa pais e profissionais de saúde. A ansiedade infantil é natural em fases específicas do desenvolvimento, mas excessiva pode se tornar patológica. A avaliação do desenvolvimento infantil, usando ferramentas como o IDADI, é essencial para observação precoce e tratamento adequado. A colaboração entre pais, educadores e profissionais da saúde é fundamental.

Fabiane Durão e Gizelly Soares

FABIANE DURÃO

Nasceu em 27 de janeiro de 1976. É graduada em Medicina pela faculdade Souza Marques (RJ). Fez residência médica em Pediatria no Hospital Federal de Bonsucesso e especializações em Medicina do Exercício e do Esporte, Homeopatia, Terapia através do Movimento e Medicina Intensiva Pediátrica. Além de cursos ligados à área de desenvolvimento infantil como Bobath, escala Bayley, avaliação da marcha, amamentação, entre outros. Já trabalhou em diversos hospitais da rede pública do estado do Rio de Janeiro e, atualmente, segue como servidora pública da Secretaria Municipal de Saúde do município de Duque de Caxias, membro do Departamento Científico de Desenvolvimento e Reabilitação da SOPERJ, além de atuar clinicamente de modo autônomo em seus consultórios na cidade do Rio de Janeiro. Mãe de um lindo adolescente atípico, nos espectros TEA e TDAH, o que impulsionou ainda mais seus estudos e foco de atendimento para o desenvolvimento infantil.

Contatos:

www.fabianedurao.com.br
www.fabianedurao.com
drafabianedurao@yahoo.com
Instagram: @dra.fabianedurao

GIZELLY SOARES

Nasceu em 3 de março de 1991. É doutora em Letras Vernáculas pela UFRJ, especialista em Psicopedagogia Clínica e Institucional e Desenvolvimento Infantil. Responsável técnica do Atendimento CREScER, uma rede de atendimento psicopedagógico domiciliar há 14 anos. Atua na supervisão de mediadoras escolares e atendentes terapêuticas, além de ministrar cursos na área da saúde e educação, abordando temas como plano educacional individualizado, avaliação do desenvolvimento infantil e escrita de relatório terapêutico. Professora em cursos de pós-graduação em Neurociências e Avaliação do Desenvolvimento Infantil. Pesquisadora do Laboratório de Estudos da Criança, coordenado pela Dra. Rossana Pugliese. Nos felizes encontros que a vida proporciona, conheceu a Pediatra Fabiane Durão, com quem compartilha trabalho, risadas e indignações. Contudo, a parte mais importante de seu currículo é ser mãe de uma linda menininha nascida na pandemia e esposa do Tom de sua vida.

Contatos:

atendimentocrescer@gmail.com
Instagram: @atendimentocrescer

Com o passar dos anos, vemos que os transtornos mentais em crianças vêm aumentando e isso tem se tornado uma preocupação cada vez maior, não só aos profissionais de saúde, mas também aos pais. Portanto, é importante que as famílias tomem conhecimento dos sinais e sintomas que podem surgir na infância, assim como os profissionais de saúde, para que esses pacientes possam ser diagnosticados e receber tratamento adequado em qualquer fase da sua vida.

A ansiedade é um estado desagradável de tensão, apreensão, preocupação ou medo que pode acontecer também na infância, sendo uma manifestação normal em momentos específicos do desenvolvimento. O medo é uma emoção de caráter antecipatório, relacionada a uma ameaça que desencadeia estratégias defensivas como fuga e luta, sendo, muitas vezes, útil. Porém, quando o medo e a ansiedade são excessivos, ou seja, desproporcionais ao estímulo, são considerados patológicos. "Os transtornos de ansiedade incluem transtornos que compartilham características de medo e ansiedade excessivos e perturbações comportamentais relacionados" (*American Psychiatric Association*, 2014, p. 215).

As reações emocionais começam a se desenvolver já na primeira infância, e ajudarão a compor a personalidade do indivíduo. As emoções iniciam-se de forma simples e vão se tornando mais complexas com o amadurecimento dele.

Para cada faixa etária, há manifestações de ansiedade, consideradas normais, e habilidades relacionadas:

- **De 0 a 6 meses**: preocupações e medos (estímulos sensoriais intensos, barulhos altos, perda de suporte físico). Habilidades sensoriais e sistema reflexo.
- **De 7 a 12 meses**: receio de aproximação rápida de objetos, pessoas desconhecidas e objetos inesperados. Habilidades: esquema sensório-motor (quando a criança testa seus próprios reflexos e movimentos), esquema de causalidade e noção de permanência do objeto.
- **De 1 a 4 anos**: medo de pessoas desconhecidas, de criaturas imaginárias e sobrenaturais, trovoadas, animais, escuro, pesadelos, morte e separação das figuras de referência. Habilidades: pensamento pré-operatório (rígido, egocêntrico), utilização de símbolos e de imagens mentais, e memória e pensamento fantasioso.
- **De 5 a 7 anos**: medo de se separar de seus cuidadores, de criaturas imaginárias e sobrenaturais, do escuro, de catástrofes naturais, de ser rejeitado e de se machucar. Habilidades: raciocínio concreto e pensamento consciente destituído de desejo e subjetividade.
- **De 8 a 11 anos**: medo de se machucar, de ser rejeitado, de doenças, de pessoas estranhas e diferentes, de ser punido, repreendido, de falhar na escola e nos esportes. Habilidade: capacidade de deduções lógicas.
- **De 12 a 18 anos**: preocupa-se com sua aparência, medo de falhar na escola e nos esportes, de ser rejeitado, de ser analisado pelos semelhantes. Habilidades: pensamento abstrato e capacidade de antecipar perigos.

Os transtornos de ansiedade diferem do medo ou da ansiedade normativos do desenvolvimento por serem excessivos ou persistirem além dos períodos apropriados ao desenvolvimento. Muitos dos transtornos de ansiedade se desenvolvem na infância e tendem a persistir se não forem tratados. Aqui está organizado de acordo com o desenvolvimento, com os transtornos sequenciados de acordo com a idade típica de início:

- Transtorno de ansiedade de separação.
- Mutismo seletivo.
- Fobias específicas.
- Ansiedade social.
- Transtorno do pânico.
- Agorafobia.
- Transtorno de ansiedade generalizada.
- Transtorno de ansiedade induzido por substância.

Os transtornos de ansiedade são considerados a condição psiquiátrica mais prevalente na infância, variando de 6% a 20%, pioram com o aumento da idade e atingem mais o sexo feminino.

As causas estão relacionadas à hereditariedade, a eventos catastróficos da vida e ao impacto cumulativo de uma série de eventos. É importante que os pais e cuidadores observem a criança para perceberem se estão sendo muito perfeccionistas, se ela busca não fazer algo errado, se exprime preocupação ou medo específico. Além disso, podem surgir sintomas físicos como dor de estômago ou de cabeça. Algumas crianças podem aparentar calma e tranquilidade excessivas, mas suas preocupações e medos podem interferir nas suas atividades do dia a dia.

O diagnóstico é clínico e pode ser realizado por meio de testes com escalas utilizadas pelo profissional que fará a avaliação.

Todas as ferramentas de avaliação de crianças partem do princípio de que é possível mensurar ou descrever o estágio de desenvolvimento infantil. Esse processo é ativo e subjetivo, manifestando-se por meio de mudanças nas habilidades motoras, cognitivas, psicossociais e linguísticas, à medida que as funções da vida diária se tornam progressivamente mais complexas e a criança se integra cada vez mais em seu papel social. Para avaliação do desenvolvimento infantil, entendemos a importância de uma abordagem mista, ou seja, combinando elementos de avaliação quantitativa e qualitativa, que podem fornecer uma compreensão mais completa do indivíduo avaliado. Em qualquer processo de avaliação, é necessário coletar e comparar resultados de diversas fontes, como, por exemplo, resultados de testes e informações obtidas junto a familiares, professores, amigos ou pessoas próximas à pessoa avaliada (Borsa & Muniz, 2016). O Inventário Dimensional de Avaliação do Desenvolvimento Infantil (IDADI) vem sendo amplamente utilizado por profissionais de saúde e educadores para avaliar o desenvolvimento infantil, como uma ferramenta de avaliação quantitativa.

O IDADI, fruto dos estudos de Silva, Mendonça Filho e Bandeira (2020), é o instrumento multidimensional de avaliação mais recentemente padronizada no Brasil, e seus estudos psicométricos apresentam evidências de validade de conteúdo, sensibilidade e especificidade para identificação do autismo e adversidade clínica pré e pós-natal (Mendonça Filho, 2020). Apesar de atender crianças de até 72 meses, o IDADI mostra-se adequado para avaliar o desempenho de bebês, a partir de quatro meses de vida, pela perspectiva de seus pais ou cuidadores da criança, mediante relato parental. Além disso, o IDADI pode servir no monitoramento e na eficácia de intervenções promovidas com bebês. O inventário abrange os domínios cognitivo, motricidade (ampla e fina), comunicação (linguagem receptiva e expressiva), socioemocional e comportamento adaptativo, sendo composto por 435 itens. Os itens descrevem comportamentos que podem ser observados no dia a dia, comportamentos e habilidades mais relevantes para o desenvolvimento infantil dentro dos sete domínios do desenvolvimento. Uma escala *Likert* de três pontos foi estabelecida onde o familiar pode marcar de forma física (na versão lápis e papel) ou de forma on-line (na versão informatizada): (1) sim, o que indica que a criança já domina a habilidade; (2) às vezes, o que indica que a criança está adquirindo a habilidade; e (3) ainda não, o que indica que a criança ainda não dominou a habilidade. Após os pais preencherem o questionário, o profissional avaliador irá fazer o levantamento dos dados e se ocupar de transformar dados brutos em escore desenvolvimental e padronizado, convertendo números frios em resultado individualizado, capaz de nos permitir descrever os domínios do desenvolvimento da criança. A partir dos dados, é possível interpretar se o desenvolvimento da criança está muito acima do esperado, acima do esperado, típico, em alerta para atraso, em atraso ou em atraso muito significativo.

Na avaliação do mutismo seletivo, por exemplo, nos pautamos em escuta ativa à família, encontro presencial com a criança em diferentes ambientes e com diferentes cuidadores, e análise de vídeos enviados pela família. Caso haja dúvidas que tendenciem a pensar em outra hipótese diagnóstica, pode-se usar uma escala como, por exemplo, SRS-2, para descarte de condições como TEA. No entanto, vale ressaltar que para além do uso de escalas e testagens, nosso olhar clínico é o que conduzirá adequadamente ao levantamento assertivo de uma hipótese diagnóstica.

> A heterogeneidade do mutismo seletivo também é refletida pelos muitos procedimentos e alvos de avaliação recomendados para o transtorno. Um foco particular é feito na avaliação dos parâmetros e função da falha ou recusa de uma criança em falar, além de formas sociais e outras de ansiedade, problemas de oposição, déficits de comunicação e/ou deficiências intelectuais (Mayworm *et al.*, 2015).

Como meio de avaliação qualitativa utilizada na detecção do mutismo seletivo, temos a observação do comportamento da criança em diferentes ambientes. Os pais, professores e outros cuidadores podem notar que a criança se comunica normalmente em casa, mas se torna completamente silenciosa em situações sociais, como na escola ou em festas. As observações podem incluir diferentes aspectos, a saber: (I) comparação de contextos: nessa etapa é importante o profissional notar se a criança fala com confiança em casa, mas evita falar em ambientes com outras crianças ou adultos; (II) interações sociais: nessa etapa, o profissional precisa observar a capacidade da criança de se envolver em interações sociais não verbais, como acenos ou gestos, que podem indicar que ela está ciente do que está acontecendo, mesmo que não se sinta confortável para falar. Nessa etapa também é importante observar quais estratégias comunicacionais a criança tem utilizado para se fazer entender e para expressar seus desejos e vontades; (III) reações emocionais: aqui é fundamental que o profissional observe as reações emocionais da criança em situações sociais, como sinais de ansiedade, inquietação ou evitação, que podem ser indicativos do mutismo seletivo. Além de obter essas informações por meio de observação direta, é importante trocar com os pais as informações comportamentais que nos auxiliem na construção de nosso raciocínio clínico. O IDADI funciona bem nesse direcionamento, pois é um questionário ecológico, que busca coletar informações mais próximas do ambiente real.

Conversas com os pais e professores podem fornecer informações valiosas sobre o comportamento da criança em diferentes contextos. Algumas perguntas norteadoras na investigação do mutismo são:

- Em quais situações a criança fala e em quais situações ela não fala?
- Há algum padrão ou gatilho específico que parece desencadear o silêncio?
- Há episódios de birras exageradas? Em quais contextos?
- Como a criança reage quando precisa falar com outras pessoas?
- Como a criança faz seus pedidos e solicitações?
- Você percebe sinais de sofrimento emocional, angústia, tristeza, medo, choro, frustração, quando a criança é solicitada a falar?
- A criança fala próximo a terceiros? Como se expressa nesse caso?
- Há presença de tom mais baixo do que o natural e sussurros?
- Há queixa de sintomas físicos, tais como dor de estômago, dor na cabeça, sonolência excessiva.

Dessa forma, percebemos que a junção das informações de testes padronizados que contemplem o desenvolvimento infantil e as informações fornecidas pelos cuidadores de referência da criança, em diferentes ambientes, pode ajudar a quantificar a gravidade do mutismo seletivo e outros transtornos de ansiedade, dimensionando as implicações no desenvolvimento da criança. Isso porque, tanto os testes quanto as conversas dirigidas contemplam áreas como habilidades sociais, comunicação, comportamento adaptativo e níveis de ansiedade.

Apesar de o IDADI não ser um inventário sobre o transtorno de ansiedade, ele nos permite, a partir do relato parental:

1. Detectar alterações no desenvolvimento infantil.
2. Observar de forma longitudinal o desenvolvimento da criança.
3. Refinar o raciocínio clínico para descartar outros transtornos.
4. Direcionar a intervenção.

Sendo assim, a detecção dos transtornos de ansiedade é um processo multifacetado que requer uma combinação de observação, entrevistas, questionários e avaliações do desenvolvimento infantil, neurológica e psicológica. A identificação precoce é fundamental para que intervenções adequadas sejam implementadas, proporcionando à criança o suporte necessário para superar suas dificuldades que estão para além da comunicação. Com uma abordagem cuidadosa e colaborativa entre pais, educadores e profissionais de saúde mental, é possível criar um ambiente que incentive a expressão verbal da criança e ajude a mitigar os impactos do mutismo seletivo em sua vida social e acadêmica.

Referências

ALMEIDA, R. *et al. Saúde mental da criança e do adolescente*. 2. ed. Barueri: Manole, 2019.

AMERICAN PSYCHIATRIC ASSOCIATION. *Manual diagnóstico e estatístico de transtornos mentais*. 5. ed. Porto Alegre: Artmed, 2014.

AMORIM, L.; ASSUMPÇÃO, T. *Psicopatologia e desenvolvimento infantil*. 1. ed. Rio de Janeiro: Rubio, 2016.

BOARATI, M. A.; PANTANO, T.; SCIVOLETTO, S. *Psiquiatria da infância e adolescência*: cuidado multidisciplinar. Barueri: Manole, 2016.

BORSA, J. C.; MUNIZ, M. Testagem psicológica com crianças e adolescentes. *In*: HUTZ, C. *et al. Psicodiagnóstico*. Porto Alegre: Artmed, 2016.

GOODMAN, R.; SCOTT, S. *Psiquiatria infantil*. Trad. Mônica Giglio Armando. São Paulo, SP: Roca, 2004.

MAYWORM, A. M.; DOWDY, E.; KNIGHTS, K.; REBELEZ, J. Assessment and treatment of selective mutism with English language learners. *Contemporary School Psychology*, v. 19, p. 193-204, 2015. Doi: 10.1007/s40688-014-0035-5. Acesso em: 17 fev. 2025.

MENDONÇA FILHO, E. J. *Inventário dimensional de avaliação do desenvolvimento infantil*: normas, estudo de comparação e versão breve. 2020. Tese (Doutorado em Psicologia) – Universidade Federal do Rio Grande do Sul, Porto Alegre, 2020. Disponível em: http://hdl.handle.net/10183/219132. Acesso em: 27 mar. 2025.

MOURA-RIBEIRO, M.; GONÇALVES, V. *Neurologia do desenvolvimento da criança*. São Paulo: Livraria e Editora Revinter Ltda, 2006.

SILVA, M. A. *IDADI*: inventário dimensional de avaliação do desenvolvimento infantil. São Paulo: Vetor Editora, 2020. v. 1.

TORRACA, F. *et al. Mutismo seletivo*: orientação para pais, educadores, terapeutas e curiosos. 1. ed. São Paulo: Editora Literando, 2021.

CAPÍTULO 14

Caminhos e descaminhos...

Um relato de caso

Neste capítulo, os leitores poderão refletir sobre como os hábitos cotidianos modernos podem influenciar no desenvolvimento de crianças e de jovens, contribuindo para o aumento dos transtornos ansiosos. Além disso, explora-se como a prática da terapia cognitivo-comportamental pode auxiliar no tratamento e no alívio dos sintomas, por meio de um relato de um caso de fobia específica.

Grazielle Fachini dos Santos Maroso Gonçalves

GRAZIELLE FACHINI DOS SANTOS MAROSO GONÇALVES

É fundadora do Espaço Infinity Desenvolvimento, com mais de 20 anos de experiência na área da educação. Bacharel e licenciada em Geografia pela USP, psicanalista, psicopedagoga e pós-graduada em Psicomotricidade. Atualmente, é graduanda em Psicologia. Possui formação em Perícia Psicológica e Neuropsicológica pelo IPq – HCFMUSP, além de cursos em Aplicação ABA, Alfabetização de Crianças com TEA e Aperfeiçoamento em TDAH. Participa ativamente de congressos e eventos na área do desenvolvimento humano. Coautora do livro *Autoamor e os vínculos de apego: construindo autoestima e autoaceitação da infância até a vida adulta*. Palestrante apaixonada pelo desenvolvimento humano, acredita que todos podem aprender e se desenvolver, superando desafios com amor, respeito, compromisso e ciência caminhando juntos. Casada, mãe de dois filhos e louca por animais.

Contatos: www.infinitydesenvolvimento.com.br
grazielle.fachini@gmail.com
Instagram: @psico_graziellefachini
@espacoinfinitydesenvolvimento
Facebook: graziellefachini

Nas últimas décadas, temos construído uma sociedade imediatista, acelerada e ansiosa. Emoções que permeiam a tolerância, o saber esperar e entender que muitas vezes o processo faz parte da realização, estão sendo negligenciadas. O processo de aceleração do tempo e o encurtamento das distâncias promovidas pelo avanço tecnológico e a participação desses recursos na vida cotidiana das pessoas e famílias trazem aspectos positivos quando utilizados com discernimento. Entretanto, o que estamos assistindo diante de todos nós é o crescimento das desordens emocionais e físicas em todos os lares. Desconsideramos que nossa jornada está muito mais para uma maratona, na qual é preciso manter um ritmo com momentos de aceleração e momentos de puxar o freio. Em vez disso, nos colocamos diariamente em situações como se a disputa fosse uma corrida de curta distância em que chegamos exaustos, mas felizes por recompensas imediatas que logo já não fazem mais sentido. E assim o ciclo recomeça um após o outro, promovendo em diversas situações o adoecimento emocional e a geração de uma sociedade ansiosa e de excessos.

Esse novo mundo que vem se desenhando e sendo apresentado para nós exige e cria um constructo de produtividade, fazendo com que seja necessário nos colocarmos em constante papel produtivo. Essa nova configuração não abre espaço para o tédio e para o ócio, tão contemplados e criativos dentro das filosofias, assim como outro aspecto que é extremamente necessário fazer parte da vida humana para o processo de desenvolvimento e tem sido negligenciado pela indústria do "precisamos estar sempre felizes": a frustração. Essa emoção atualmente se faz presente entre as queixas mais recebidas dentro dos consultórios, principalmente nos atendimentos infantis. Se no passado a ansiedade costumava ser um diagnóstico mais prevalente em adultos, que viviam nos grandes centros urbanos, que ocupavam cargos de grande responsabilidade em empresas e instituições públicas, ou ainda profissões consideradas de risco, hoje temos um cenário bem diferente: além dos adultos, temos crianças e adolescentes sofrendo de transtornos ansiosos, facilitando a formação de uma geração ansiosa e de excessos.

Essa realidade é confirmada por dados da OMS, de 2019, segundo os quais eram 301 milhões de pessoas afetadas no mundo com transtornos ansiosos, com maior prevalência no sexo feminino. No Brasil, foi realizado um levantamento por meio do jornal *Folha de S.Paulo* com a Rede de Atenção Psicossocial (RAPS) do SUS, de 2013 a 2023 (período com dados disponíveis), demonstrando que, a partir de 2022, o número de crianças e jovens atendidos com transtorno de ansiedade é maior do que o de adultos. Esses dados são verdadeiros sinais de alerta para olharmos com zelo e atenção para a saúde emocional não somente de adultos, mas de crianças e jovens.

Assim, com todas essas mudanças macro que ocorrem de forma mundial no estilo e no comportamento de vida das pessoas, a estrutura micro, ou seja, familiar, também passa a sentir os efeitos, e alterações são observadas. As mudanças na rotina dos adultos impactam a vida cotidiana das crianças e dos jovens que, muitas vezes por necessidade, permanecem longos períodos fora do ambiente do lar. É preciso repensar hábitos e comportamentos que não permitem acompanharmos o desenvolvimento de nossas crianças, entendermos a verdadeira importância do brincar na infância e, quem sabe, desconstruir a ideia que vem sendo imposta pela grande indústria na qual transformamos crianças em miniadultos de sucesso.

Esse conjunto de fatores tem afetado o desenvolvimento do ser humano e a construção da sua personalidade. Os estímulos extrínsecos aos indivíduos atuam modificando estruturas intrínsecas e, com isso, temos esse aumento considerável dos transtornos de ansiedade. Segundo o *DSM-V-TR* (APA), os transtornos de ansiedade incluem transtornos que compartilham características de medo e ansiedade excessiva e distúrbios comportamentais relacionados. Os transtornos de ansiedade diferem uns dos outros nos tipos de objetos e ou situações que induzem medo, ansiedade ou comportamento de evitação e a cognição associada.

O conteúdo de Asbahr (2004) apresenta dados nos quais os quadros em crianças e em adolescentes mais frequentes são o transtorno de ansiedade de separação (TAS), o transtorno de ansiedade generalizada (TAG) e as fobias específicas, como o transtorno funcional específico (TFE). Em crianças, o TAS e o TFE são os mais prevalentes. Diante da configuração desse cenário, é importante que crianças e adolescentes recebam acompanhamento adequado, que pais, professores e/ou outros responsáveis estejam atentos a qualquer mudança no comportamento, observando sua frequência e sua permanência.

Outro aspecto importante está direcionado à busca do auxílio terapêutico. É importante que os terapeutas que se propõem a trabalhar com o grande guarda-chuva dos transtornos ansiosos sejam flexíveis e sensíveis à demanda do paciente e da família, pois é benéfico que todos trabalhem de forma cooperativa, a fim de que resultados positivos possam ser alcançados. O trabalho em conjunto facilita todo o processo, que nós todos sabemos que nem sempre é fácil. Dentro do estudo da Psicologia, existem diversas abordagens, todas elas com seus fundamentos, aspectos positivos e negativos. Essa pluralidade vem ao encontro da própria essência da subjetividade humana, e isso é uma riqueza dentro da ciência psicológica. Entretanto, diversos estudos vêm demonstrando a eficácia da terapia cognitivo-comportamental (TCC) nos tratamentos dos transtornos ansiosos.

Os autores Reyes & Fermann (2017), em sua revisão bibliográfica sobre a efetividade da TCC, demonstram que as pesquisas sobre a prática têm suscitado que a TCC traz bons resultados na redução de sintomas. De forma resumida, é interessante ver a conceituação dada por Beck (2022, p. 4) ao modelo cognitivo:

> Em poucas palavras, o modelo cognitivo propõe que o pensamento disfuncional (que influencia o humor e o comportamento do cliente) é comum a todos os transtornos psicológicos. Quando as pessoas aprendem a avaliar seu pensamento de forma mais realista e adaptativa, elas experimentam um decréscimo na emoção negativa e no comportamento mal-adaptativo.

E são justamente esses pensamentos que precisam ser cuidados. Talvez o referido relato de caso a ser apresentado a seguir possa causar algum desconforto àqueles que se propõem trabalhar com a subjetividade humana apenas por meio de um único ponto de vista.

Para que entendam melhor, farei um breve resumo da minha trajetória. Há aproximadamente nove anos, atuo como psicopedagoga. Nesse ínterim, me formei em Psicanálise e Psicomotricidade, e atualmente, voltei aos bancos da universidade para cursar Psicologia.

A psicanálise é uma formação que não necessariamente requer a formação de psicólogo, mas ela está entre as abordagens possíveis na psicologia. Com certa frequência, a psicanálise sofre ataques e não está na lista das abordagens baseadas em evidências. Tenho certeza de que neste momento diversos questionamentos cercam seus pensamentos, e isso é simplesmente maravilhoso. Questionar é estar flexível, aberto ao novo, às possibilidades, a ideias novas e experimentações com base nas ciências e por que não também nas filosofias.

Esse breve relato auxilia no entendimento de como intervi neste caso clínico, utilizando abordagens conceitualmente diferentes da Psicologia, selecionando de cada uma o que de melhor poderiam oferecer para tratar uma fobia específica (medo de avião) de uma criança de nove anos. Utilizarei aqui o nome fictício de Ana, a fim de preservar a identidade da paciente.

Ana passava comigo semanalmente como psicopedagoga, quando trabalhávamos suas dificuldades na área da aprendizagem devido a alterações do processamento auditivo central (PAC) e hipótese de transtorno do desenvolvimento da linguagem (TDL).

O vínculo existente entre nós era extremamente positivo e, com isso, os avanços eram contínuos. A família estava feliz com o avanço e tinha conhecimento de minhas outras formações. Em uma oportunidade, contaram-me que teriam uma viagem de férias programada para aproximadamente três meses e que Ana tinha pânico de avião, chorava já quando falavam da viagem. Ana nasceu em 11 de setembro, mesmo dia em que ocorreu o ataque às torres gêmeas (WTC) nos Estados Unidos, e passou a associar avião apenas a desastres. Devido ao pouco tempo para a viagem, a família me solicitou se eu não poderia abordar com Ana essa questão, pois estavam com medo de ela sofrer demais na hora do embarque.

Em geral, eu já atendia a casos de ansiedade em adultos, mas era a primeira vez que atenderia uma criança, e com certeza o plano deveria ser estruturado de forma concreta e segura, a fim de garantir resultados positivos à parceria entre mim, Ana e a família. Comuniquei à família que daríamos uma pausa, então, em todo trabalho psicopedagógico até a proximidade da viagem. Tínhamos cerca de dez semanas para trabalhar. Na estrutura do plano, elegi as técnicas de dessensibilização sistemática, técnica de exposição, distorções cognitivas, psicoeducação e relaxamento.

A TCC foi utilizada para tornar concreto o processo terapêutico e aliviar sintomas. Entretanto, também recorri à psicanálise nos momentos em que era preciso trabalhar desejos internos na construção do sonho, pois esses seriam também recursos para o caminho da ação. Pois, para Freud, o sonho é a realização do desejo. Todo o plano de intervenção consistiu em análise de vídeos sobre aeronaves, busca de acontecimentos bons e positivos relacionados ao 11 de setembro, construção de um roteiro de viagem com espaço para registro em um diário de bordo, exposição gradativa (a família era orientada e realizava), técnicas de mentalização e relaxamento. No Quadro 1, apresenta-se a estrutura das sessões.

Quadro 1: Estrutura das sessões de intervenção

Sessão 1	Vídeos de como os aviões se sustentam no ar, reflexões, busca de notícias positivas do 11 de setembro em anos diversos.
Sessão 2	Vídeos sobre segurança do transporte aéreo. Continuamos selecionando coisas boas referentes a 11 de setembro.
Sessão 3	Mentalização (como se estivesse se vendo embarcando, dentro do avião), relatar seus sentimentos durante a vivência. Técnicas de respiração.
Sessão 4	Início do roteiro de viagem (momento de construir desejo), levantar dados e informações sobre o destino da viagem.
Sessão 5	Orientação à família foi para levar Ana até o aeroporto para ver como ela reagia e observar pousos e decolagens. No consultório, continuamos o roteiro de viagem.
Sessão 6 e 7	Relatos das sensações dos dias em que seu avô a levou ao aeroporto. Já estava bem mais confiante e a ideia de viajar já não parecia tão ruim.
Sessão 8	Vídeos sobre as cidades de destino da família e trabalho com técnicas de relaxamento (respiração, cinco sentidos, entre outras).
Sessão 9	Finalização do roteiro e do diário de bordo no qual, durante a viagem, ela deveria realizar seus registros.
Sessão 10	Realização de uma retomada de tudo que foi construído junto, das vivências no aeroporto com a família e das capacidades que ela tinha desenvolvido para lidar com a situação.

O resultado de todo esse trabalho foi extremamente gratificante, pois Ana não deixou, assim, de uma hora para outra, o medo de avião, mas ela conseguiu perceber que tinha construído um cenário não verdadeiro, passou a acreditar que era capaz de viajar, o desejo trabalhado virou sonho em conhecer esse lugar escolhido pela família e ainda trouxe anotações de momentos da viagem em seu diário de bordo no retorno à terapia.

Enfim, a partir dessa experiência enriquecedora que pude vivenciar trabalhando com transtorno ansioso, tenho cada vez mais a certeza de que esse é um trabalho em conjunto, terapeuta-paciente-família, uma tríade que, junto dos recursos e das técnicas adequadas, não precisa renunciar ao olhar da subjetividade humana.

Referências

AMERICAN PSYCHIATRIC ASSOCIATION. *Manual diagnóstico e estatístico de transtornos mentais*. 5. ed. Porto Alegre: Artmed, 2014.

ASBAHR, F. R. Transtornos ansiosos na infância e adolescência: aspectos clínicos e neurobiológicos. *Jornal de Pediatria*, Porto Alegre, v. 8, n. 2, p. 30-34, 2004. Disponível em: https://www.jped.com.br/pt-transtornos-ansiosos-na-infancia-e-articulo-X2255553604030090. Acesso em: 27 mar. 2025.

BECK, J. S. *Terapia cognitivo-comportamental*: teoria e prática 3. ed. Porto Alegre: Artmed, 2022.

CURY, A. *Ansiedade*: como enfrentar o mal do século: a síndrome do pensamento acelerado: como e por que a humanidade adoeceu coletivamente, das crianças aos adultos. 1. ed. São Paulo: Saraiva, 2014.

FOLHA DE S.PAULO. Registros de ansiedade entre crianças e jovens superam os de adultos pela 1ª vez no Brasil. *Folha de S.Paulo*. 2024. Disponível em: https://www1.folha.uol.com.br/folhateen/2024/05/registros-de-ansiedade-entre-criancas-e-jovens-superam-os-de-adultos-pela-1a-vez.shtml. Acesso em: 27 mar. 2025.

MARIANI, D.; SOPRANA, P.; PRETTO, N.; FRANCO, M. Registros de ansiedade entre crianças e jovens superam os de adultos pela 1ª vez no Brasil. *Folha de São Paulo*, 31 maio 2024. Disponível em: https://www1.folha.uol.com.br/folhateen/2024/05/registros-de-ansiedade-entre-criancas-e-jovens-superam-os-de-adultos-pela-1a-vez.shtml. Acesso em: 27 mar. 2025.

OLIVEIRA, C. T. de; DIAS, A. C. G.; PICCOLOTO, N. M. Contribuições da terapia cognitivo-comportamental para as dificuldades de adaptação acadêmica. *Revista Brasileira de Terapias Cognitivas*, Rio de Janeiro, v. 9, n. 1, p. 10-18, 2013. Doi: 10.5935/1808-5687.20130003.

ORGANIZAÇÃO MUNDIAL DA SAÚDE. *Mental health*. OMS, 2024. Disponível em: https://www.who.int/health-topics/mental-health#tab=tab_1. Acesso em: 27 mar. 2025.

REYES, A. N.; FERMANN, I. L. Eficácia da terapia cognitivo-comportamental no transtorno de ansiedade generalizada. *Revista Brasileira de Terapias Cognitivas*, Rio de Janeiro, v. 13, n. 1, p. 49-54, jun. 2017. Doi: 10.5935/1808-5687.20170008.

SANTOS, A. T. *Desejo e pulsão nos processos de sublimação*. 2014, 137 f. Dissertação (Mestrado) – Faculdade de Educação da Universidade de São Paulo, São Paulo, 2014. Disponível em: https://www.teses.usp.br/teses/disponiveis/48/48134/tde-09122014-132945/publico/ANDREIA_TENORIO_DOS_SANTOS.pdf. Acesso em: 27 mar. 2025.

CAPÍTULO 15

Um relato de experiência sobre o mutismo seletivo

Será apresentado um breve relato de experiência sobre o mutismo seletivo, um transtorno de ansiedade de baixa prevalência, mas que pode causar um sofrimento significativo na vida da criança e de sua família. O relato trará um recorte de caso de uma criança que também está no espectro autista, no entanto, o foco será no mutismo seletivo. As intervenções foram conduzidas de forma lúdica, alinhadas aos princípios da terapia cognitivo-comportamental.

Hellen Bianca Coelho Bueno Peres

HELLEN BIANCA COELHO BUENO PERES

É psicóloga infantil com consultório em Brasília e idealizadora do Espaço Multidisciplinar Hellen Bianca. Formada em Psicologia pela PUC-GO (2004) e Pedagogia pela UFG (2001), com pós-graduação em Saúde Mental e Desenvolvimento Infantojuvenil pela Santa Casa da Misericórdia do Rio de Janeiro e em Psicopedagogia Clínica e Institucional pela UERJ. Serviu à Marinha do Brasil como oficial do Corpo de Saúde. Esposa do Alexandre, mãe do Bernardo e da Sofia, é apaixonada pelo atendimento infantil e dedica sua carreira a promover o desenvolvimento saudável das crianças.

Contatos: hellenbiancapsi@gmail.com
Instagram: @psihellenbianca
Facebook: psihellenbianca
61 99116 8999
61 99147 0311

Compartilharei aqui uma das minhas experiências clínicas com mutismo seletivo (MS), um transtorno de ansiedade caracterizado pela ausência da fala em contextos ou com pessoas que se espera que a comunicação verbal aconteça naturalmente. Em geral, se inicia antes dos cinco anos de idade, mas pode não ser percebida até a entrada da criança na escola.

A criança, a quem irei chamar de Davi, chegou até mim aos quatro anos e dez meses de idade. Recebeu o diagnóstico de transtorno do espectro autista (TEA) aos três anos e oito meses e mutismo seletivo aos quatro anos e seis meses. No momento, estava em acompanhamento psicoterápico nas abordagens sistêmica e psicanalítica, além de terapia em grupo, fonoaudiologia e terapia ocupacional.

Foi uma criança planejada, em que a mãe entrou em trabalho de parto com 37 semanas e 5 dias, nasceu em fevereiro de 2017 com 48 cm, 3,300 kg, apgar 6 e 8. Apesar de a mãe ter se preparado para o parto natural, nasceu de cesariana porque entrou em sofrimento. Não chorou ao nascer e precisou ser reanimada, mas não foi para UTI e recebeu alta com a mãe. Aos seis meses falava palavras como "mamaim", com um ano e seis meses frases como "buscou o papai" e "fechou o portão." É bilíngue, pois desde bebê o pai se comunica com o filho apenas na língua inglesa.

No que se refere ao controle dos esfíncteres, fazia cocô somente com a fralda. Na escola, só ia ao banheiro com os pais ou com a psicóloga que estava com ele três vezes por semana. Irei chamá-la de Bete.

Davi entrou na escola, de ensino bilíngue, no ano de 2019. Aos dois anos de idade, apresentou isolamento social e fez amizade com a única criança da turma que era fluente em inglês. Em agosto do mesmo ano, iniciou psicoterapia com Bete porque havia parado de falar com a mãe e familiares durante a gravidez da irmã, que nasceria dois meses depois.

Iniciou o ano escolar de 2020 falando com todos na escola, mas veio a Covid-19 e acompanhou o ano letivo no formato on-line, de que não gostava. Foi dada continuidade aos atendimentos com Bete, em condições especiais devido à pandemia, inicialmente on-line, avançando para locais abertos e depois em domicílio. O diagnóstico de MS veio em agosto de 2021, logo após as férias, em que o ano letivo foi presencial e deixou claro a mudez de Davi. Os pais me procuraram em dezembro do mesmo ano, ao entenderem que a terapia cognitivo-comportamental seria a abordagem com maior evidência científica para tratar o MS.

Bete estava com Davi havia um pouco mais de dois anos e vinha desenvolvendo um excelente trabalho. Confesso meu receio com essa mudança, pois na ocasião ele só falava com Bete, a mãe e o pai e já havia verbalizado aos pais que não queria outra psicóloga. Optei em iniciar as sessões no consultório para conhecê-lo, avaliar sua receptividade e a viabilidade de mudança de profissional. Sendo assim, propus aos pais que iniciássemos as intervenções e, assim que Davi falasse comigo, eu assumiria sua terapia.

Fomos para a primeira sessão no consultório. Entrou sozinho e tinha um olhar fixo e olhos bem arregalados, o que inicialmente parecia um bom contato visual, mas, na verdade, ele estava com medo e assustado. Entrou sem dificuldade e aos poucos se mostrou à vontade, deitou-se no sofá, brincamos de jogar as almofadas, brincadeira que lhe tirou algumas risadas. Depois, segurou na minha mão me conduzindo até o tapete, brincamos com um brinquedo musical que combinava e misturava vários sons, aqui a comunicação se deu por expressões faciais e corporais.

Apresentei-lhe uma areia cinética colorida que, em vez de manuseá-la, começou a jogá-la para cima. Ao perceber que essa atividade poderia favorecer uma boa interação, dei continuidade e aproveitei para estimular alguma vocalização, ainda que achasse muito cedo. Assim, toda vez que jogava a areia para cima, eu falava "bum", pois era o tempo de a areia cair no chão. Depois, eu apenas jogava a areia e sinalizava que, para eu jogar, precisava falar o "bum". Para minha surpresa, depois de algumas tentativas, ele responde positivamente, falando o "bum". Também emitiu outras vocalizações que eu não compreendia, parecia estar cantando alguma música em inglês. Ao terminar a sessão, perguntei se voltaria para brincar comigo, fez com a cabeça e o dedinho que não, mas não teve pressa para sair da sala.

A segunda sessão seguiu praticamente com os mesmos comportamentos, diante dos mesmos estímulos e recursos, cantou alguma música em inglês, falou o "bum" diante da mesma brincadeira. Introduzi a brincadeira de esconde-esconde, fiz de conta que não o encontrava, mesmo estando no meu campo visual, com intenção de provocar alguma fala, quando escuto um "psiu" querendo dizer que estava ali.

Na terceira sessão, Davi explorou os mesmos recursos, dando mais atenção ao brinquedo musical. Eu sempre fazia um "uhuu", que combinava com um dos sons emitidos, agora repetia junto comigo. Dessa vez, apresentei o Rex, dinossauro do *Toy Story*, que emitia dois sons que soavam como "uau" e "nãoo", eu fazia perguntas para o Rex que combinava com esses sons, Davi ficou bem interessado. Acredito que achou um tanto curioso o Rex responder a perguntas como "Você quer que o Davi vá embora"? e, sem que percebesse, eu provocava o som correspondente a "nãoo". Aqui o objetivo era tornar nossos encontros leves e divertidos, rebaixando o nível de ansiedade em que estivesse se sentindo exposto, ao enfrentar uma situação que para ele era adversa.

Nesse momento, foi necessária uma parada, devido ao recesso de final de ano e férias de Davi. Nos vimos novamente quase 30 dias depois. Com o retorno, decido seguir com as sessões no consultório para avaliar se havíamos tido perda devido à longa pausa nos nossos encontros.

Fomos para a quarta sessão, à qual chegou sonolento, mas foi supercolaborativo. Em um momento, falei sussurrando com Davi, que me sussurrou algo de volta que não compreendi, pois nesse dia estava usando máscara. Nesse encontro, apareceram vocalizações como "uau", só que agora não era mais com o Rex e sim quando saltava uma bola do trenzinho com que ele brincava, além de risadas e outras vocalizações que não tinham a função de se comunicar diretamente comigo, mas de dar voz à brincadeira.

Havia percebido seu interesse por livros, então deixei ao seu alcance alguns como *Nicolas tem vergonha até de jogar bola* e *Quando James sente medo*. Usei esses livros como ferramenta de psicoeducação das emoções, para que pudesse identificar, nomear e quantificar a emoção experimentada ao vivenciar o MS. Davi sinalizou que sentia medo quando tinha que falar com as pessoas e quando pergunto o tamanho desse medo, rapidamente, abre bem grande os seus braços. Ao validar sua emoção, muda suas feições, como se estivesse claramente me dizendo "é isso mesmo que eu sinto, você me entende". Ao terminar a sessão, pergunto mais uma vez se eu poderia esperá-lo na próxima semana e, pela primeira vez, faz com a cabeça que sim.

Davi parecia ter feito um bom vínculo comigo, havia chegado a hora de avançarmos na terapia. Agendei com Bete para ter mais informações sobre seu trabalho com Davi e, então, traçarmos a passagem de profissional.

Iniciamos a transição em casa, pois é onde a criança se sente mais à vontade e há maior chance de a fala acontecer. O objetivo da primeira sessão era que Davi falasse na minha presença; na segunda, que brincasse com Bete e comigo, mas eu não falaria diretamente com ele; na terceira, brincaríamos juntos e eu falaria diretamente com ele; na quarta sessão, que brincasse somente nós dois, falando diretamente comigo.

Na primeira sessão em casa, quando cheguei, Davi correu para a porta e me mostrou sua lagartixa de brinquedo, mas nenhuma fala. Davi retoma a brincadeira com Bete, que já estava no local antes da minha chegada, e eu permanecia mais afastada. Ao perceber que Davi falava naturalmente, me aproximei e, aos poucos, fui entrando na brincadeira, sem me dirigir diretamente a ele. Bete foi dando mais espaço para minha interação, oportunizando a fala direta com Davi, que respondeu positivamente. Praticamente, atingimos os quatro objetivos iniciais em um encontro.

Agora estava na hora de iniciarmos na escola. Bete seguia sua conduta com Davi, ainda estávamos na transição, e eu temia a rápida ruptura com ela. Cheguei no momento do recreio, no pátio da escola. Quando me viu, falou naturalmente comigo em tom audível e ainda me contou uma longa história de um diamante que mudava de cor, também me mostrou alguns amigos, me falando seus nomes.

Em seguida, acompanhei uma sessão de Bete com o professor de inglês, fora da sala de aula. Nesse momento, nenhuma fala do Davi com Bete ou com o professor. Depois, segui sozinha com Davi na sua rotina escolar e optei em acompanhá-lo em sala de aula para observação, pois se mostrou muito à vontade com minha presença na escola.

Em sala de aula, mostrou-se emudecido, inquieto na carteira, com dificuldade de permanecer sentado e não demonstrava interesse em participar da aula. Chegou o momento em que eu precisei ir embora e, ao comunicá-lo, se desorganizou, gritou "não," perguntou por Bete e saiu correndo da sala, a monitora o seguiu e eu não lhe vi mais.

Com o objetivo de otimizar a fala e o vínculo comigo, realizamos, no mesmo dia, uma sessão em casa, agora só eu e Davi. Apesar do ocorrido na escola, mostrou-se receptivo e brincamos o tempo todo, não apresentou restrição de fala ou comportamento desadaptativo.

No dia seguinte, fizemos a sessão no consultório e a fala se manteve naturalmente, apesar da mudança de ambiente. Lembrando que era a primeira vez que falava comigo no consultório. Então, concluí que havia chegado a hora de seguir sozinha com Davi e dele se despedir de Bete. Desde que falou comigo, nos intervalos das sessões, nos falávamos por áudio ou videochamada e combinávamos nosso próximo encontro, dando-lhe previsibilidade.

Agora, precisávamos trabalhar a fala com a fonoaudióloga, combinamos uma sessão em casa com o mesmo formato e objetivo anterior e, em apenas uma sessão, falou com sua fonoaudióloga. Mas ainda precisávamos fazer a transição para o seu consultório. Foi combinado que eu me encontraria com Davi e seu responsável na parte externa do prédio e dali iniciaríamos uma conversa descontraída enquanto seguíamos ao consultório da terapeuta. Ela foi orientada a ficar na sala e, assim que Davi estivesse falando espontaneamente, ela iria se aproximando da brincadeira até a interação direta com ele. Apesar de uma resistência inicial, Davi foi vencendo sua dificuldade e o objetivo foi alcançado.

Na escola, optei por continuar com Davi em sala de aula, pois a experiência com a psicóloga anterior de retirá-lo da sala com o professor não havia tido uma boa resposta. Passei a acompanhá-lo nas aulas de inglês e português, até mesmo para intervir nos comportamentos desadaptativos apresentados em sala de aula, como não prestar atenção, fugir da sala, jogar seu material e dos amigos no chão, correr pela sala, deitar-se no chão e recusar-se a fazer as atividades.

Não demorou, Davi foi falando em sala de aula comigo e generalizando essa fala com os professores e amigos, apresentando uma evolução surpreendente. Inclusive, passou a falar com o professor de inglês, que era seu maior desafio. Nos outros ambientes da escola, passou a se comunicar, não necessitando de uma intervenção pontual. Agora, também já usava o banheiro da escola sozinho e não precisava de fralda para fazer cocô.

Em um dos nossos encontros no consultório, a sessão já havia sido encerrada, quando Davi volta correndo para a sala e fala "eu nunca mais quero sair daqui," o que revela esse espaço como um lugar seguro e acolhedor. Em um segundo momento, iniciou tratamento medicamentoso, amenizando os sintomas de ansiedade social que sobrepõem o MS.

Assim, as intervenções foram sustentadas pela TCC, utilizando suas técnicas de dessensibilização, modelagem, modelação, reforço positivo, desvanecimento de estímulo, exposição gradual e treino de habilidades sociais. No ano seguinte, Davi mudou de escola, se comunicando na primeira semana de aula com a professora e os novos amigos. Esse avanço reforça a importância da parceria formada pela tríade terapeuta, família e escola, que se mostrou essencial para o sucesso do tratamento do MS. Destaco o papel fundamental dos pais, sempre incansáveis na busca pelo melhor tratamento para o filho, e da escola, que acolheu e viabilizou as intervenções necessárias para a superação do MS.

Referências

AMERICAN PSYCHIATRIC ASSOCIATION. *Manual diagnóstico e estatístico de transtornos mentais (DSM-5)*. 5. ed. Porto Alegre: Artmed, 2014.

PEIXOTO, A. C. de A.; TORRACA, F.; GANEM, N. Relato de intervenção para eliciação da fala no tratamento de mutismo seletivo em um paciente portador de transtorno de espectro autista, no período de pandemia de Covid-19. *Revista Brasileira de Terapias Cognitivas*, v. 18, n. 2, p. 223-230, 2022. Doi: 10.5935/1808-5687.20220020.

RUTH, P. *Guia de tratamento do mutismo seletivo*: manual para pais, professores e terapeutas. 1. ed. Curitiba: Juruá, 2022.

TORRACA, F. *et al. Mutismo seletivo*: orientação para pais, educadores, terapeutas e curiosos. 1. ed. São Paulo: Editora Literando, 2021.

CAPÍTULO 16

O ambiente como fator de risco para o desenvolvimento dos transtornos de ansiedade na infância

Neste capítulo, será possível entender melhor sobre o poder do ambiente no desenvolvimento dos transtornos de ansiedade na infância. É na infância que aprendemos e desenvolvemos a forma como lidaremos com o mundo. Reconhecer as falhas do ambiente e ajustá-las é essencial. Oferecer um ambiente saudável e seguro é um ato de amor – aqui plantamos as sementes que vão florescer ao longo da vida.

Jéssica Silvestre Santos

JÉSSICA SILVESTRE SANTOS

É psicóloga especializada em desenvolvimento infantil e idealizadora da Clínica CreScer em Ferraz de Vasconcelos. Graduada em Psicologia pela Universidade São Judas Tadeu (2015), possui aprimoramento em Psicologia Escolar com foco em problemas de aprendizagem. Pós-graduada em Psico-oncologia pelo CEPPS e especialista em Desenvolvimento Infantil pelo CBI of Miami. Formada em Psicopatologia, Orientação de Pais e Terapia Cognitivo-comportamental Infantojuvenil pelo INPI, além de estudos familiares pela Rede Amparo. Mãe de duas meninas, é apaixonada pelo desenvolvimento infantojuvenil e pelo cuidado integral às famílias.

Contatos: www.clinicacreser.com
psicojsilvestre@hotmail.com
Instagram: @psicologa.jessicasilvestre
Facebook: psicologajessicasilvestre

A infância é o chão que a gente pisa a vida inteira.

Françoise Dolto

A influência da família no desenvolvimento da criança sempre foi um objeto de estudo e atenção. No entanto, cada vez mais, tem sido destacada a sua importância no início ou na manutenção dos transtornos de ansiedade na infância.

Muitas famílias acreditam que a hereditariedade é o único ponto forte para o desenvolvimento da ansiedade; todavia, muitos estudos têm apontado as condutas parentais como fator tão importante, ou até mais, do que a genética. Isso quer dizer que o ambiente tem influência significativa no desenvolvimento dos transtornos de ansiedade, mas principalmente a conduta dos pais.

A família é o primeiro contato social da criança. Nela, será moldada boa parte do comportamento e a maneira como enxerga e enfrenta as situações.

Não há uma receita certa sobre como agir ou não, pois cada criança tem seu temperamento (também influenciado pela genética) e influências dos cuidadores – que têm suas crenças já formadas, impactando diretamente nas crenças que as crianças estão construindo.

Mas há algumas condutas específicas dos pais que influenciam tanto para a manutenção da ansiedade quanto para o desenvolvimento dela.

Crenças e percepções dos pais

Antes de qualquer coisa, é importante saber que a crença é uma interpretação que o indivíduo tem sobre si mesmo, sobre os outros e sobre o mundo. E essas crenças vão influenciar diretamente os pensamentos, as emoções e os comportamentos de cada um. Todos os pais carregam em si uma história. E essa história desempenhará papel importante no desenvolvimento do ambiente emocional dos filhos – que poderá ter um impacto direto na manifestação ou na manutenção da ansiedade. Diante disso, temos alguns pontos importantes:

1. Superproteção

Pais superprotetores e com medo muito grande de que qualquer coisa possa acontecer com o filho acabam atrapalhando o desenvolvimento da autoeficácia na criança – que é a confiança que a pessoa tem em si mesma para conseguir fazer algo ou enfrentar desafios, acreditando que pode ter sucesso. Isso quer dizer que a criança vai criando uma visão perigosa das coisas e também fica insegura em relação à sua capacidade de resolução de problemas. Além disso, de um lado, a superproteção pode causar atraso no desenvolvimento emocional e dependência emocional. Além de baixa autoestima, medo do desconhecido, dificuldade na socialização (pois prejudica o desenvolvimento de habilidades sociais por causa das constantes intervenções dos pais). Por outro lado, a superproteção dos pais pode vir da ansiedade parental, de pressões culturais ou até da falta de confiança na capacidade dos filhos.

Esse estilo de cuidado parental transmite às crianças a sensação de que ameaças estão presentes a todo o momento, e isso faz com que elas tenham menos oportunidades de explorar o mundo. Como consequência, desenvolvem menor habilidade para lidar com os imprevistos, tendendo a evitar desafios e dificuldades.

A proteção não é o problema. O excesso dela, sim. Aqui deixo algumas dicas para que você possa identificar se há uma superproteção ou não.

- **Avalie a frequência das intervenções**: elas estão interferindo na decisão da criança mesmo quando não há nenhum perigo/risco significativo?
- **Observe o comportamento da criança**: ela demonstra medo ou incapacidade de tomar decisões simples e busca sempre a validação dos pais? Isso pode ser um sinal de superproteção.
- **Controle do brincar livre**: há uma monitoração excessiva nas atividades da criança? Restringindo a liberdade de brincar, explorar e fazer escolhas?
- **Necessidade de proteção**: esse ponto é mais ligado a quanto os pais sentem que a criança é vulnerável e eles precisam protegê-la, evitando que ela sinta qualquer desconforto ou dificuldade, mesmo quando isso não é necessário.

Uma das formas de ajudar é permitir que a criança enfrente pequenos desafios, para que ela aprenda a lidar com os problemas adequados à sua idade. Isso ajuda a promover autonomia e confiança. Incentive a criança a tomar decisões com pequenas coisas do dia a dia, como o que vestir ou uma atividade para realizar. Isso ajudará na independência. Ofereça apoio sem controlar – a ajuda precisa ter um limite, sirva de apoio, mas deixe ela tentar sozinha antes. Dê espaços para erros, pois eles são oportunidades de aprendizagem e acolha quando eles acontecerem, pois isso ajuda a criança a entender que isso faz parte do processo de crescimento. E, por fim, ajude a estimular a socialização, incentivando a criança a brincar com outras crianças. Isso contribuirá no desenvolvimento de suas habilidades sociais e na resolução de conflitos.

2. Modelagem de comportamentos ansiosos

Alguns pais desenvolveram a crença de que o mundo é um lugar perigoso demais, ou, até, de que o fracasso é algo a ser evitado a qualquer custo e que os filhos não podem passar por essa situação.

Tem uma frase que diz: "As crianças ouvem com os olhos" – ou seja, muito mais do que o que você diz, elas estão observando como você faz. Pensando que a criança é um reflexo do ambiente em que ela vive e que seus comportamentos em sua grande maioria são comportamentos aprendidos, as crianças tendem a modelar o comportamento dos pais. Isso quer dizer que elas estão observando a reação dos pais quando esses estão diante de uma situação desafiadora, por exemplo.

Se o comportamento for de evitar as situações incertas ou até de um comportamento exagerado diante de problemas pequenos, a criança tende a registrar isso como uma resposta normal e isso a tornará mais vulnerável para desenvolver ansiedade – isso porque ela começa a ter a mesma visão de mundo dos pais.

3. Pressão para o sucesso e crenças de perfeccionismo

Em outro ponto, temos pais com crenças muito rígidas. Isso quer dizer que eles têm uma regra estabelecida sobre algo, como por exemplo, sucesso e perfeição. "Meu filho tem que ser o melhor", "Não aceito nota menor do que 8" e muitas vezes isso vem junto de punições/castigos. Visões como essas criam um ambiente de muita pressão. Os filhos sentem e internalizam as expectativas desses pais e começam a acreditar que não podem errar e que as falhas são inadmissíveis. Nesse sentido, a criança vive em constante pressão, com medo de não atender às expectativas – o que gera um nível muito grande de ansiedade. Além de colaborar, também, para o medo de uma avaliação negativa, um nível excessivo de autocrítica e, em alguns casos, transtornos de ansiedade – como ansiedade de desempenho.

Geralmente, essas crenças foram internalizadas pelos pais ao longo de suas vidas e são reproduzidas de forma inconsciente. Associam o futuro próspero somente aos resultados que a criança dará e ela sente que só será valorizada se for a melhor.

Aqui deixo algumas dicas para ajudar na percepção dessas crenças:

- Atente-se se não há uma comparação constante do desempenho da criança, em relação ao desempenho de seus pares. Essas comparações vão reforçar na criança que o amor dos pais está condicionado ao desempenho – aumentando a ansiedade.
- Preste atenção se o foco não está nos resultados, ignorando o processo de aprendizagem e esforço da criança. Essa forma de educar pode desenvolver na criança a ideia de que só vale a pena o esforço dependendo do resultado. Tenderão a fugir de tarefas mais desafiadoras – pelo medo de não alcançarem o resultado esperado, e isso poderá, muitas vezes, fazer com que essa criança perca oportunidades – não só de aprendizagem, mas também em sua vida profissional.
- Perceba qual é a tolerância da sua criança com o fracasso. Isto é, como ela lida com o fato de perder ou de não dar certo algo que ela planejou. Uma consequência inevitável dessa pressão é a incapacidade de lidar com a frustração. Qualquer situação de fracasso, por menor que seja, será como uma ameaça ao seu valor pessoal, levando essa criança a sentir vergonha, inadequação e, muitas vezes, a levará a desistir de projetos e metas.
- Por fim, incentive o processo e não apenas o resultado, elogie o esforço e a dedicação. Celebre as conquistas de forma equilibrada, não é somente o sucesso que deve ser celebrado. O apoio e o encorajamento para que a criança continue tentando também é importante. Ensine a criança a ser resiliente, permitindo que ela enfrente os desafios e aprenda com os erros. Preste atenção nas expectativas, estabeleça uma expectativa realista à idade e à capacidade da criança, enfatizando que o aprendizado é o mais importante. E **nunca** condicione o amor ao resultado. As crianças precisam saber que são amadas, independentemente de seu desempenho.

4. Interpretação negativa de comportamentos

Pensando ainda nas crenças, pais com uma visão muito negativa das coisas também influenciam na ansiedade infantil. Vamos supor que uma criança é um pouco tímida, os pais podem associar isso a um sinal de fracasso ou que isso fará com que a criança seja rejeitada pelos amigos. Essa visão negativa pode ser passada para a criança (lembrando que ela está sempre observando e absorvendo o ambiente) e isso poderá reforçar nela a crença de que tem algo de errado com ela – o que alimentará os sentimentos de insegurança e ansiedade social.

5. Expectativas irrealistas sobre controle emocional

As pessoas, de um modo geral, não aprenderam a lidar com emoções negativas – como se elas fossem ruins e os filhos precisassem estar sempre felizes. As crianças aprendem a evitar emoções, em vez de enfrentá-las. A falta de habilidade em lidar com essas emoções pode intensificar a ansiedade – pois a criança não aprende a expressar nem a processar de forma adequada.

6. Visão catastrófica de situações cotidianas

A visão dos pais é sempre como uma lente pela qual eles enxergam as coisas. Aqui, os pais sempre veem as situações de forma catastrófica, ou seja, veem os piores cenários possíveis. Essa percepção poderá influenciar a maneira como a criança vê o mundo – sempre como algo ameaçador e incerto, tornando-se hipervigilante e com uma visão sempre ansiosa diante das situações.

O papel dos pais na prevenção e na gestão da ansiedade dos seus filhos

A ideia deste capítulo não é culpar os pais, mas conscientizá-los para que ofereçam aos seus filhos um ambiente seguro e emocionalmente estável, contribuindo para a prevenção do desenvolvimento de transtornos ansiosos na infância. Tornar-se consciente de suas próprias crenças ajudará muito nesse processo.

Para finalizar, deixo aqui algumas práticas que podem ser incentivadas no ambiente familiar.

- **Encoraje resolução de problemas**: quando permitimos à criança enfrentar pequenos desafios sozinha, estamos ajudando a desenvolver a autoconfiança e a capacidade de resolver problemas.

- **Modele relações equilibradas**: lembre-se de que a criança absorve tudo o que vê, principalmente comportamentos dos pais. Aprendam a controlar suas emoções e ensinem os seus filhos a fazerem o mesmo.
- **Fale sobre sentimentos**: sem julgar! Esse espaço ajuda a criança a aprender sobre o que sente e a reconhecer formas de lidar com isso.
- **Valorize o esforço**: não apenas o resultado. Valorize o processo! Diminua a pressão sobre a criança.

Referências

BRANDÃO, D. A. Transtorno de pânico e relações com a superproteção parental. *Pretextos – Revista de Graduação da PUC Minas*, v. 4, n. 8, p. 321-334, jul./dez. 2019. Disponível em: https://periodicos.pucminas.br/pretextos/article/view/18669. Acesso em: 27 mar. 2025.

DWECK, C. S. *Mindset*: the new psychology of success. Nova Iorque: Random House, 2006.

FLETT, G. L.; HEWITT, P. L. *Perfectionism*: theory, research, and treatment. Washington, D. C.: American Psychological Association, 2002.

SELIGMAN, M. E. P. *The optimistic child*: a proven program to safeguard children against depression and build lifelong resilience. Boston: Houghton Mifflin Harcourt, 1995.

STALLARD, P. *Ansiedade*: terapia cognitivo-comportamental para crianças e jovens. Porto Alegre: Artmed, 2010. 216 p.

CAPÍTULO 17

Entendendo a ansiedade adolescente com base na terapia cognitivo-comportamental

A adolescência é uma fase marcada por transformações físicas, emocionais e sociais. Essas mudanças podem desencadear ou intensificar sintomas de ansiedade, um dos transtornos psicológicos mais comuns entre jovens. Nesse momento, pais e cuidadores podem se encontrar confusos sobre como agir. A seguir, a ansiedade em adolescentes será abordada sob a ótica da terapia cognitivo-comportamental (TCC), com a proposta de uma abordagem intervencionista.

Ligiane Horácio de Barros

LIGIANE HORÁCIO DE BARROS

É psicóloga clínica com mais de sete anos de experiência, especializada no atendimento de adolescentes e adultos. Graduada em Psicologia pela UVA (2015), possui especialização em Terapia Cognitivo-comportamental (TCC) com crianças e adolescentes pelo CPAF, especialização em ABA pelo Instituto NeuroSaber e pós-graduação em TCC pela UCL. Atua no tratamento de transtornos como TAG, TEPT, TOC e depressão, oferecendo um acompanhamento baseado em ciência e empatia.

Contatos: ligiane.lopes@gmail.com
Instagram: @ligianehoraciopsi
21 97579 3561

A terapia cognitivo-comportamental (TCC) é uma abordagem centrada na relação entre pensamentos, emoções e comportamentos, logo, se mostra cientificamente muito eficaz no tratamento da ansiedade. Ela ensina os jovens a identificarem e aplicarem na prática a modificação de pensamentos disfuncionais, que frequentemente exacerbam sentimentos de ansiedade. Segundo o teórico Aaron T. Beck, o criador da TCC, pensamentos automáticos negativos podem levar adolescentes a interpretar situações cotidianas como algo ameaçador, promovendo comportamentos evitativos. Exemplo: um adolescente pode acreditar que será julgado negativamente em um evento social, de acordo com a forma que escolha para se vestir. Esse pensamento gera ansiedade, levando-o a evitar a situação, o que reforça a crença negativa ao evitar a oportunidade de desafiar o medo.

Na psicoterapia, são dados a oportunidade e o privilégio de o terapeuta experienciar na prática a diversidade existente entre indivíduos e suas personalidades, dentro de um mesmo diagnóstico. É interessantíssimo ver o desabrochamento do adolescente tímido, mas que se empolga em sua narrativa a partir do momento em que sente pertencimento ao *setting* terapêutico. Como também, o retraimento daquele que chegou despojado, mas com o tempo mostrou que era um mecanismo de defesa de fuga e evitação do tema que o levou ao consultório. Os porquês regados de curiosidade e anseio de quem pediu aos pais pelo acompanhamento em psicoterapia porque se identificou com algumas características, após ler um post na internet.

Sem dúvidas, o momento em que mais conhecemos as características e efeitos da ansiedade é quando estamos frente a frente com a história individual daquele adolescente e como ele experiencia na sua rotina diária os efeitos, muitas vezes adoecedores, daquele possível diagnóstico de transtorno de ansiedade generalizada. Com a análise comportamental, podem ser observadas agitações psicomotoras, atividades de autoflagelação (como o roer de unhas, o arrancar de fios de cabelo), a dificuldade de terminar um assunto, a interrupção do terapeuta, bem como a flutuação da atenção durante uma conversa ou durante a aplicação de materiais terapêuticos.

Fatores que influenciam a ansiedade

A ansiedade na adolescência pode ser influenciada por diversos fatores, como:

- **Mudanças hormonais**: a puberdade traz flutuações hormonais, que podem aumentar a sensibilidade emocional.
- **Pressões sociais e acadêmicas**: a necessidade de aceitação e o desempenho escolar podem ser grandes fontes de estresse.
- **Ambiente familiar**: conflitos ou expectativas elevadas podem contribuir para o desenvolvimento de comportamentos ansiosos.

Pais e cuidadores devem considerar esses fatores ao analisar os sintomas de seus filhos. Ajudá-los a identificar gatilhos específicos para a ansiedade, como provas ou interações sociais, pode ser um passo importante para o manejo adequado.

Como ajudar: estratégias da TCC para pais e cuidadores

- **Encoraje o diálogo**: incentive o adolescente a falar sobre suas preocupações e medos, validando suas emoções sem julgamentos. Dar a abertura para falar sobre como ele se sente é fundamental para a identificação de pensamentos ansiosos.
- **Ajude com a racionalização**: ajude-o a questionar pensamentos automáticos. Pergunte se as preocupações são baseadas em fatos ou suposições e incentive-o a buscar evidências para avaliar a realidade das situações: "Qual a pior coisa que pode acontecer?", "Que evidências você tem de que isso acontecerá?".
- **Exposição gradual a situações temidas**: gradualmente, ajude-o a enfrentar situações que provocam ansiedade, começando pelas menos intensas. Esse processo, chamado de "exposição" na TCC, diminui o medo ao longo do tempo e aumenta a autoconfiança. É importante salientar que a exposição gradual respeita o tempo de processamento

de cada indivíduo, portanto, se preciso for, uma etapa é vista de novo ou o processo é pausado.

- **Treinamento de habilidades de relaxamento**: técnicas como respiração diafragmática e mindfulness ajudam o adolescente a controlar a resposta de ansiedade em momentos de estresse. Esse treinamento pode ser conduzido por vídeos, áudios e livros.
- **Reforço positivo**: reconheça o esforço e o progresso, mesmo que pequenos. Esse encorajamento aumenta a autoconfiança e motiva o adolescente a continuar o processo.

É interessante que pai, mãe e/ou cuidadores também considerem a prática da psicoterapia para si, visto que o familiar disfuncional contribui para que o ambiente seja disfuncional e todos os integrantes daquela família fiquem adoecidos. Entendendo bem que a culpa não é de uma pessoa ou de todas e que, na realidade, não estamos falando de culpados, e sim em qualidade de vida a partir da saúde mental como um bem comum a todos os que constituem aquela família.

Conclusão

Pais e cuidadores desempenham papel vital no apoio ao adolescente que enfrenta a ansiedade, mas é compreensível que seja uma fase desafiadora também para os pais, por isso, além da psicoterapia, como já foi mencionado, a compreensão e o uso de técnicas inspiradas na TCC oferecem uma base sólida para lidar com essa fase complexa, auxiliando a promover o desenvolvimento emocional e a capacidade de superação.

É importante lembrarmos que nenhuma técnica substitui o ato de estar em psicoterapia, em um ambiente terapêutico, sob o atendimento clínico de um psicoterapeuta. Todas as técnicas descritas neste capítulo são utilizadas em psicoterapia e algumas delas podem e devem ser utilizadas também por pais, cuidadores e educadores para, assim, obtermos um trabalho em equipe e mais êxito no resultado. O terapeuta vai orientar na aplicação prática das atividades de autorregulação emocional, compartilhando recursos que podem ser utilizados em outros ambientes, além do consultório.

O benefício da prática do autoconhecimento por meio da psicoterapia e o treino das habilidades de autorregulação emocional se dará para além da fase da adolescência, pois, a partir do momento em que nos conhecemos de maneira profunda, aprendemos a identificar e utilizar os recursos aprendidos para combater pensamentos automáticos e irreais. Sendo assim, estamos falando de futuros adultos com mais consciência de si, mais resilientes e com a habilidade de se autorregular emocionalmente, tendo como consequência maior qualidade de vida e mais funcionalidade nos seus atos.

Referências

BANDURA, A. *Autoeficácia*: o exercício do controle. Missouri: Worth Publishers, 1997.

BARLOW, D. H. *Ansiedade e seus transtornos*: a natureza e o tratamento da ansiedade e do pânico. Nova Iorque: Guilford Press, 2002.

BECK, A. T. *Terapia cognitiva e os transtornos emocionais*. Porto Alegre: Artmed, 1976.

ELLIS, A. *Razão e emoção em psicoterapia*. Nova Iorque: Birch Lane Press, 1962.

KABAT-ZINN, J. *Full catastrophe living*. Nova Iorque: Delacorte,1990.

KENDALL, P. C.; HEDTKE, K. A. *Terapia cognitivo-comportamental para crianças ansiosas*: manual do terapeuta. Ardmore: Workbook Publishing, 2006.

CAPÍTULO 18

Ansiedade infantil não identificada

Prejuízos na adolescência e na vida adulta

Neste capítulo, elencaremos possibilidades de identificação de padrões ansiosos no período da adolescência, seus prejuízos a longo prazo e seus implicadores na vida adulta com o transtorno cronificado.

Luiny Cristina Dutra de Medeiros

LUINY CRISTINA DUTRA DE MEDEIROS

É psicóloga formada pela Universidade Estácio de Sá e pedagoga graduada e licenciada pela Fundação Educacional Unificada Campograndense (FEUC). Tem pós-graduação em Saúde Pública e Saúde da Família, especialidade em Gestão de Saúde Pública e em Orientação Educacional e Gestão Escolar. Atualmente, trabalha como psicóloga clínica e executando avaliação neuropsicológica. Atuou no SUS no Hospital Universitário Pedro Ernesto (UERJ – Rio de Janeiro) e no SUAS na Casa Abrigo Roger Agnelli (SEAS – Angra dos Reis). É especialista em Desenvolvimento Infantil e seus estudos científicos são direcionados para a área da infância e juventude. Está ligada aos estudos sobre mutismo seletivo e iniciando a execução de seu projeto de mestrado (UFRRJ) voltado para psicoeducação de educadores no tratamento de crianças com mutismo seletivo e transtornos de ansiedade infantil.

Contatos: luinydutramedeiros@gmail.com
Instagram: @luinymedeirospsi
21 96628 8181

Quando vejo uma criança, ela inspira-me dois sentimentos: ternura, pelo que é, e respeito pelo que pode vir a ser.

Louis Pasteur

A adolescência é um período marcado por intensas mudanças físicas, emocionais e sociais, que podem gerar uma série de desafios psicológicos, incluindo a ansiedade. De acordo com o *Manual diagnóstico e estatístico de transtornos mentais* (DSM-5), os transtornos de ansiedade são os mais prevalentes entre os adolescentes, afetando em torno de 25% dessa população em algum momento de sua vida (*American Psychiatric Association*, 2013). Esse fenômeno pode ser entendido por meio de um modelo biopsicossocial, que considera interações complexas entre fatores biológicos, psicológicos e sociais.

A adolescência é uma fase de desenvolvimento em que os jovens começam a buscar sua identidade, enfrentando pressões acadêmicas, sociais e familiares que podem amplificar sentimentos de insegurança e medo (Erikson, 1968). O aumento na demanda por desempenho e a comparação social exacerbada, especialmente em um contexto de redes sociais, são fatores que contribuem para o surgimento de transtornos de ansiedade, como o transtorno de ansiedade generalizada (TAG) e a ansiedade social (Keenan *et al.*, 2016).

Além disso, a literatura aponta que a ansiedade na adolescência não afeta apenas a saúde mental, mas também pode ter repercussões significativas na saúde física, no rendimento escolar e nas relações interpessoais (Gonzalez *et al.*, 2017). Portanto, compreender as características, as causas e as consequências da ansiedade nesse período crítico é fundamental para o desenvolvimento de intervenções eficazes, que possam promover o bem-estar emocional e o desenvolvimento saudável dos adolescentes.

Algumas características dos padrões ansiosos podem ser observadas de maneira clara. Dentre elas, citam-se:

1. **Sintomas emocionais**: a ansiedade pode se manifestar por meio de sentimentos de apreensão, medo e insegurança. Adolescentes podem relatar preocupações excessivas sobre desempenho escolar, relacionamentos e aceitação social.
2. **Sintomas físicos**: a ansiedade também pode se manifestar fisicamente, com sintomas como taquicardia, sudorese, tremores e dificuldades respiratórias. Esses sintomas podem ser confundidos com problemas de saúde, levando a um ciclo de preocupação com a saúde.
3. **Comportamentos evitativos**: adolescentes ansiosos frequentemente evitam situações que provocam desconforto, como interações sociais, apresentações em público, atividades que exigem desempenho e qualquer prática que envolva essas interações.
4. **Impacto no desenvolvimento social**: a ansiedade pode prejudicar a capacidade dos adolescentes de formar e manter relacionamentos saudáveis, levando à solidão e ao isolamento social.
5. **Desempenho acadêmico**: a pressão para ter um bom desempenho escolar pode agravar os níveis de ansiedade. O excesso de pensamentos sobre os temas escolares gera o medo do fracasso e da avaliação negativa, resultando em dificuldades de concentração e procrastinação.

Os padrões ansiosos na adolescência podem ser influenciados por uma combinação de fatores genéticos, ambientais e sociais. Os fatores genéticos demonstram que existe uma predisposição que pode desempenhar papel significativo no desenvolvimento de transtornos de ansiedade, principalmente com histórico de familiares com outros transtornos mentais associados. A dinâmica familiar, incluindo estilos de parentalidade e a presença de transtornos de ansiedade em pais, pode contribuir para o desenvolvimento de padrões ansiosos.

Exemplificando, observa-se que por espelhamento (técnica de interação social que consiste em replicar os gestos, expressões faciais, tom de voz e linguagem corporal de outra pessoa) pais que possuem poucos núcleos sociais, estão em ambientes mais restritos, se comunicam com dificuldade, e/ou se colocam em cenários com muita apreensão, estão ensinando a seus filhos comportamentos disfuncionais. A pressão para se encaixar em grupos sociais, a influência das redes sociais e a competitividade acadêmica são fatores que podem exacerbar os padrões ansiosos.

Poda neural

A adolescência é uma fase crítica de desenvolvimento. Um dos processos mais intrigantes que ocorrem durante esse período é a poda neural, uma forma de remodelação cerebral que é essencial para o amadurecimento do cérebro adolescente. A poda neural refere-se ao processo de eliminação de sinapses (conexões entre neurônios) que não são utilizadas ou que não são eficientes. Durante a infância, o cérebro forma um número excessivo de sinapses. À medida que a criança cresce e passa pela adolescência, o cérebro começa a eliminar essas conexões em um esforço para tornar o sistema nervoso mais eficiente. Esse processo é influenciado por experiências, aprendizado e interações sociais.

A poda neural é fundamental para o desenvolvimento de funções cognitivas mais complexas. Ao eliminar sinapses ineficazes, o cérebro torna-se mais eficiente em processar informações e executar tarefas cognitivas. Durante a adolescência, áreas do cérebro responsáveis pela emoção, como a amígdala, tornam-se mais ativas, enquanto áreas relacionadas ao controle executivo, como o córtex pré-frontal, ainda estão em desenvolvimento. A poda neural ajuda a equilibrar essa dinâmica, permitindo que os adolescentes desenvolvam habilidades emocionais mais sofisticadas.

Embora a poda neural seja um processo natural e necessário, ela também pode ter implicações importantes para a saúde mental dos adolescentes. A eliminação de sinapses pode estar relacionada a uma maior vulnerabilidade a transtornos mentais, como ansiedade e depressão, especialmente quando combinada com a pressão social e mudanças hormonais típicas dessa fase. Além disso, as experiências durante a adolescência, como traumas ou estresse, podem influenciar a poda neural e, consequentemente, afetar o desenvolvimento emocional e cognitivo. Por isso, o ambiente em que um adolescente se desenvolve é crucial para garantir que a poda neural ocorra de maneira saudável.

Vida adulta

Portanto, a ansiedade infantil não tratada pode trazer uma série de prejuízos em longo prazo, tanto no desenvolvimento emocional quanto no desempenho acadêmico e social de um jovem adulto. Diversos estudos apontam que crianças que sofrem de transtornos de ansiedade e não recebem tratamento adequado podem carregar essas dificuldades para a adolescência e a vida adulta, enfrentando problemas de saúde mental mais graves e debilitantes. A ansiedade não tratada também pode afetar a saúde física. O estresse contínuo e a preocupação excessiva podem contribuir para o desenvolvimento de problemas como dores de cabeça, dores abdominais, distúrbios do sono e até mesmo problemas mais graves, como desordens gastrointestinais e imunológicas. No longo prazo, esses problemas podem comprometer ainda mais a qualidade de vida e o bem-estar do indivíduo.

Há ainda um risco considerável de que crianças com ansiedade não tratada desenvolvam outros transtornos psiquiátricos ao longo da vida, como o transtorno de pânico, transtorno obsessivo-compulsivo (TOC), transtorno de estresse pós-traumático (TEPT), além de transtornos alimentares e abuso de substâncias. Esses transtornos podem agravar os problemas já existentes, dificultando ainda mais a vida integral de um adulto funcional.

Dessa forma, a ansiedade é considerada patológica quando sua intensidade ou a frequência é desproporcional, e a resposta cognitiva, comportamental e emocional não corresponde à situação que a desencadeia. Os transtornos ansiosos causam impactos consideráveis no seu cotidiano, sendo importante salientar que a ansiedade patológica observada na idade adulta pode ter iniciado ainda durante a infância e a adolescência.

Assim, quando a ansiedade for diagnosticada como uma patologia, é recomendado que a pessoa procure um tratamento psicoterápico o mais depressa possível, podendo ocorrer, ainda, a recomendação concomitante do uso de medicação, por parte de um profissional especializado, caso haja necessidade.

Referências

AMERICAN PSYCHIATRIC ASSOCIATION. *Diagnostic and statistical manual of mental disorders*. 5. ed. Arlington: American Psychiatric Publishing, 2013.

ERIKSON, E. H. *Identity:* youth and crisis. Nova Iorque: Norton, 1968.

KEENAN, K.; HIPWELL, A. E.; SCOTT, K. The role of peer relationships in adolescent mental health. *Journal of the American Academy of Child & Adolescent Psychiatry*, v. 55, n. 11, p. 951-952, 2016.

GONZALEZ, A. Anxiety disorders in adolescence: a review of the literature. *Clinical Psychology Review*, v. 54, p. 24-31, 2017.

CAPÍTULO 19

Ser um terapeuta efetivo para adolescentes com transtornos de ansiedade

Com o aumento dos quadros de ansiedade em toda a população mundial, dados de pesquisas trazem os adolescentes como um dos públicos mais afetados com os prejuízos causados pelo isolamento social advindo da pandemia da Covid-19. Dessa maneira, houve uma crescente busca dos jovens pelos consultórios de psicoterapia, demandando cada vez um preparo mais específico e qualificado dos clínicos em saúde mental.

Mariana Andrade

MARIANA ANDRADE

É psicóloga clínica desde 2012, especializada no atendimento de crianças, adolescentes e adultos por meio da Terapia Cognitivo-comportamental (TCC) e terapias contextuais. Atende presencialmente em Salvador/BA e na modalidade on-line para todo o mundo. Possui formação em TCC, é educadora parental certificada pela Positive Discipline Association (PDA-USA) e tem certificação em Terapia Comportamental Dialética para Crianças pelo ChildDBT. Também possui formação em Supervisão Clínica, garantindo um acompanhamento embasado e atualizado.

Contatos: marianaandrade.psicologia@gmail.com
Instagram: @marianaandrade_s
71 99941 1979

Trate as pessoas como se elas fossem o que deveriam ser e você as ajudará a ser o que elas são capazes de ser.

Johann Wolfgang von Goethe

O aumento da ansiedade é percebido na sociedade como um todo e não foi diferente com os adolescentes. Tanto a literatura quanto os relatos nos consultórios de psicologia sinalizam que a pandemia da Covid-19 resultou em um aumento significativo na taxa de ansiedade entre os jovens.

Os adolescentes relatam sintomas físicos e dificuldades que interferem no sono, na comunicação, nas relações e até mesmo no autoconceito. Esses pontos nos levam a identificar diversos transtornos de ansiedade entre os jovens. O sofrimento é tão intenso que, por vezes, são identificadas situações de autolesão e ideação suicida. Mas antes de entrar nos aspectos da ansiedade, precisamos compreender melhor sobre esse ciclo de vida tão intenso.

A adolescência, por si só, é um período da vida de grandes desafios. Um período de transição nas capacidades cognitivas, emocionais e sociais no cérebro que permite que o indivíduo se torne um adulto (Houzel, 2005).

A neurociência nos revela que o cérebro adolescente sofre tempestades neurais. Os hormônios desempenham papel importante no desenvolvimento físico e mental dos adolescentes, e as alterações hormonais podem afetar o comportamento de forma significativa. A neurociência nos orienta que o que os adolescentes experimentam é o resultado de alterações no desenvolvimento do cérebro, que é quem faz todo esse processo acontecer (Siegel, 2016).

O psiquiatra Daniel Siegel (2016) nos ensina que as alterações cerebrais durante os primeiros anos da adolescência estabelecem qualidades da mente durante esse período: a busca por novidade, o engajamento social, o aumento da intensidade emocional e a exploração criativa. E todas essas transformações geram grande apreensão e fazem com que o cérebro diminua sua capacidade de regular as emoções.

À medida que eles perdem a coordenação e o equilíbrio, as emoções agem como ondas gigantes, deixando-os alagados nessas novidades. E é sempre importante sinalizar: nós, adultos com nossas estruturas cerebrais já formadas, é que precisamos auxiliá-los a irem se encontrando e reencontrando nesse encharcamento.

Importante pontuar que essas substâncias químicas do cérebro, que provocam mudanças físicas, vão afetar o humor dos adolescentes, e consequentemente, aumentar suas respostas emocionais. Diante dessas características, elas deixam os adolescentes mais suscetíveis a emoção e enfrentam dificuldades para tomar decisões que os adultos consideram apropriadas.

A falta de domínio das situações, em qualquer circunstância, e em qualquer ciclo de vida, normalmente traz ansiedade, já que essa é uma emoção advinda da emoção primária medo. Pensemos, então, o que acontece com o adolescente, já que agora ele está em um corpo completamente transformado e foi lançado em um mundo cada vez mais demandante.

Acontece que, nos últimos anos, diante de todas essas mudanças, eles ainda viveram um grande e perturbador adendo: a pandemia da Covid-19, que os impediu de viver um desenvolvimento dentro do esperado.

Estudos mostram que as taxas de sofrimento psicológico entre os jovens, incluindo sintomas de transtornos de ansiedade, pioraram, duplicando os sintomas durante a pandemia (Fortuna, Brown, Woods & Porch, 2023).

E existem diversos motivos que potencializaram essa avalanche de variáveis. Um deles é o aprendizado remoto. Esse trouxe grandes prejuízos nos processos educacionais e de socialização, diminuindo oportunidades de experienciarem relações interpessoais e aprenderem com elas. Além disso, depararam-se com dificuldades no relacionamento familiar, pois cada membro também estava vivendo suas dificuldades particulares.

Outro ponto também observado foi o aumento drástico no tempo de tela, com suas inúmeras consequências. Além disso, os jovens ficaram mais propensos ao sedentarismo, ampliando as insatisfações com as transformações no corpo, colocando-os cada vez mais na busca pelo anonimato na vida real, na tentativa de se esconderem dos olhares alheios.

Independentemente de questões associadas ao contexto pandêmico, pesquisas relacionadas à ansiedade mostram que o transtorno de ansiedade social é o mais prevalente em amostras de adolescentes (Rapee, Creswell, Kendall, Pine & Waters, 2023).

O diagnóstico do transtorno de ansiedade social pode ser dado em qualquer idade, apesar de ter maior incidência na adolescência. E o ambiente escolar é um dos mais temidos por essa população, pois as preocupações relacionadas à escola estão entre as mais frequentemente relatadas pelos jovens com esse diagnóstico, já que muitas características desse contexto trazem riscos potenciais, tais como a avaliação social negativa por colegas e professores e a pressão no ambiente acadêmico que, inclusive, teve seu rendimento afetado no período pandêmico (Fortuna, Brown, Woods & Porch, 2023).

Precisamos de soluções criativas para dar suporte às crescentes demandas. As escolas são ambientes centrais importantes para implementar intervenções, já que, como dito anteriormente, é um dos principais, senão o principal lugar visto como ameaçador e que aumenta os sintomas de ansiedade. Todas essas dificuldades levam alguns jovens a diminuírem sua frequência regular na escola, causando ainda mais problemas.

Os relatos trazidos em sessões psicológicas pelos próprios jovens perpassam por frases do tipo "a pandemia acabou com a minha vida", ou, ainda, "eu deixei de aprender tantas coisas, não sei me comunicar com as pessoas" e, mais, "eu me sinto mais seguro falando por mensagem", o que ilustra os déficits reais vivenciados por eles, gerando angústia e senso de incapacidade.

Com todo esse quadro, é visível pelos profissionais a crescente busca dos próprios jovens por ajuda em contexto de terapia, diferindo de anos atrás, quando esses, na maioria das vezes, iam aos consultórios obrigados pelos pais. Diante de tanto sofrimento, muitos familiares e os próprios adolescentes questionam o que pode ser feito para ajudá-los.

Estudos realizados por meio dos ensaios clínicos randomizados mostram que a terapia cognitivo-comportamental (TCC) é a intervenção psicológica mais amplamente conceituada, pois leva a uma maior remissão nos transtornos de ansiedade. E uma vantagem no resultado do tratamento é quando a TCC é combinada aos inibidores seletivos de recaptação de serotonina (ISRS), mostrando que, muitas vezes, a combinação do acompanhamento psicológico com o acompanhamento psiquiátrico se faz necessária, o que será avaliado caso a caso pelos especialistas (Rapee, Creswell, Kendall, Pine & Waters, 2023).

No entanto, é necessário que esses profissionais sejam especializados no atendimento a esse público para uma maior adesão ao tratamento, pois, na prática, vê-se que muitos não dão continuidade aos processos de acompanhamento por não se sentirem acolhidos e contemplados na escuta e em proposições de tratamento favoráveis.

O tratamento psicológico de adolescentes exige dos profissionais adaptações e modificações na intervenção para que o atendimento seja possível e efetivo. E, para engajar os jovens no processo terapêutico, é essencial que o terapeuta compreenda os desafios desenvolvimentais da fase e suas implicações. O jovem precisa ser visto como a pessoa que está no controle desde o início do acompanhamento, mesmo que não tenha chegado à terapia por conta própria. Da mesma forma, esforços devem ser empregados para que o ambiente seja agradável, fazendo com que ele queira estar ali e que veja benefício na terapia (Neufeld, Maltoni, Longhini & Amaral, 2017).

O objetivo da terapia é preparar o indivíduo para os desafios intrínsecos da vida, focando em habilidades facilitadoras na resolução de problemas. Uma boa intervenção é aquela que construirá adaptações junto do paciente sobre sua maneira de se comportar, pensar e sentir.

Considerando os alagamentos emocionais citados anteriormente diante de tantas demandas, é essencial que o psicólogo demonstre empatia com o jovem paciente que está na sua frente. É fundamental enxergá-lo através de seus olhos, em uma tentativa de entrar em seu universo e com uma qualidade de intervenção terapêutica colaborativa, integrando e decodificando informações sociais e ensinando por meio de experiências. Para trabalhar com adolescentes, é preciso estar disposto a embarcar no seu universo, atualizando-se das tecnologias, músicas, séries e filmes que são do interesse do paciente, a fim de alguma maneira, começar a compreender o seu mundo (Neufeld, Maltoni, Longhini & Amaral, 2017).

Vale destacar que a empatia e a disposição devem ser genuínas, do contrário, o processo terapêutico seguramente será prejudicado. Assim como o trabalho deve ser todo com base na validação das emoções do paciente e nunca de maneira autoritária.

Na camada prática, vê-se a importância de utilizar instrumentos, técnicas e estratégias terapêuticas que podem ser adaptadas à necessidade, contexto e interesses do paciente, objetivando o engajamento no processo terapêutico, facilitando a relação e a vinculação. A linguagem e o estilo de comunicação do terapeuta devem ser expressos de forma simplificada, para garantir trocas assertivas.

Dentro dessa perspectiva das técnicas utilizadas, é observável no dia a dia dos atendimentos a esse público que a psicoeducação tem papel fundamental no entendimento do que está acontecendo no seu mundo interno, aliviando preocupações de que algo de muito errado está ocorrendo com eles. Quando os jovens são ensinados sobre todo o processo que ocorre, não só com eles, mas com um número significativo da população geral, isso auxilia na motivação do paciente e nos ganhos posteriores.

No entanto, existem procedimentos que exigem maior flexibilidade por parte do terapeuta, sendo um deles as solicitações dos planos de ação (algo bastante utilizado na TCC), pois os jovens demonstram menos interesse e engajamento nesse tipo de proposta. E tornar um procedimento como algo impositivo não vai ser benéfico para o processo.

Outro ponto ao qual devemos nos atentar ao atender adolescentes ansiosos é trabalhar junto aos cuidadores, pois as mudanças e as adaptações dessa demanda e idade não atingem apenas o adolescente, mas todos os membros da família. E com essas trajetórias, os pais devem assumir novos papéis, ressaltando a relação entre a importância dos estilos parentais e suas grandes influências no comportamento dos adolescentes (Caminha, Caminha & Benedetti, 2017).

Um grande conjunto de dados combinados mostrou que treinar ativamente os pais em práticas de gerenciamento de ansiedade resultou em uma manutenção significativamente maior dos ganhos do tratamento do que nenhum envolvimento dos pais (Rapee, Creswell, Kendall, Pine & Waters, 2023). Para isso, o trabalho com eles vem desde a avaliação inicial, prestando atenção às cognições parentais que possam contribuir para a ansiedade do jovem e o comprometimento dos pais de se envolverem em um programa ativo de tratamento.

Fornecer novas informações por intermédio da psicoeducação também pode ajudar os pais a enfrentar algumas de suas crenças, pressupostos e comportamentos, por exemplo, ajudar os pais a reconhecerem que, embora a esquiva possa apresentar um alívio de curto prazo, a ansiedade do filho persiste e continua a afetar sua vida diária com evitação de situações e eventos (Stallard, 2010). Isso pode ajudar os pais a entenderem que, para o filho recuperar sua vida, ele precisa ser ajudado a confrontar e enfrentar seus medos e aprender a lidar com situações que lhe provocam ansiedade.

Stallard (2010) traz pontos sobre o comportamento parental que encoraja o enfrentamento. São eles: encorajar a independência; modelar comportamentos de enfrentamento; encorajar tentativas de confronto e o enfrentamento de situações ansiosas; reforçar e recompensar enfrentamento e comportamento corajoso; proporcionar uma estrutura parental firme, imparcial e consistente.

No que se refere ao contexto escolar, o terapeuta necessita estabelecer contatos frequentes, a fim de promover intervenções específicas neste ambiente que atenda às demandas do paciente. Mas não só isso. A escola necessita de uma reforma ampla, pois, como traz Hugo Monteiro Ferreira em seu livro *A geração do quarto*, a escola não está isenta de responsabilidade dos adoecimentos emocionais de meninos e meninas, pois para muitas crianças e adolescentes, a escola não é só um espaço de aprendizagem, mas de traumas.

Vivemos momentos em que ainda predomina a ideia de que o papel principal da escola é transmitir conteúdos científicos, sem considerar o contexto, as idiossincrasias, os temperamentos, as emoções e as identidades (Ferreira, 2022). No entanto, segundo Rapee, Creswell, Kendall, Pine & Waters (2023), as escolas são cada vez mais reconhecidas como bem posicionadas para a identificação e a intervenção precoce de problemas comuns de saúde mental. Com isso, acredito que, após esse processo de identificação, talvez o próximo passo seja nó aspecto de intervenções mais efetivas no âmbito grupal. E os psicólogos clínicos devem ter um papel importante de fomentar essas parcerias com as escolas dos seus pacientes.

Por fim, é importante sinalizar que as pesquisas nessa área nos últimos anos aumentaram significativamente, apesar de ainda ter um longo caminho a percorrer. O que não se pode perder de vista é que o profissional que atende este público e essa demanda precisa estar em constante movimento em busca de atualizações e aprimoramento, para dar conta da avalanche que envolve o universo da ansiedade e a adolescência.

Referências

CAMINHA, M. G.; CAMINHA, R. M.; BENEDETTI, T. B. Família, orientação de pais e professores. *In*: NEUFELD, C. B. (Org.). *Terapia cognitivo-comportamental para adolescentes*: uma perspectiva transdiagnóstica e desenvolvimental. Porto Alegre: Artmed, 2017. p. 386-396.

FERREIRA, H. M. *A geração do quarto*: quando crianças e adolescentes nos ensinam a amar. Rio de Janeiro: Record, 2022.

FORTUNA, L. R.; BROWN, I. C.; WOODS, G. G. L. *et al.* The impact of Covid-19 on anxiety disorders in youth: coping with stress, worry, and recovering from a pandemic. *Child and Adolescent Psychiatry*, v. 32, p. 531-542, 2023. Doi: 10.1016/j.chc.2023.02.002.

HOUZEL, S. H. *O cérebro em transformação*. Rio de Janeiro: Objetiva, 2005.

NEUFELD, C. B.; MALTONI, J.; LONGHINI, L. Z. *et al.* Estratégias de manejo terapêutico com adolescentes. *In*: NEUFELD, C. B. (Org.). *Terapia cognitivo-comportamental para adolescentes*: uma perspectiva transdiagnóstica e desenvolvimental. Porto Alegre: Artmed, 2017. p. 116-132.

RAPPEE, R. M.; CRESWELL, C.; KENDALL, P. C. *et al.* Anxiety disorders in children and adolescents: a summary and overview of the literature. *Behaviour Research and Therapy*, v. 168, p. 104376, 2023. Doi: 10.1016/j.brat.2023.104376.

SIEGEL, D. J. *Cérebro adolescente*: o grande potencial, a coragem e a criatividade da mente dos 12 aos 24 anos. São Paulo: nVersos, 2016.

STALLARD, P. *Ansiedade*: terapia cognitivo-comportamental para crianças e jovens. Porto Alegre: Artmed, 2010.

CAPÍTULO 20

A sexualidade na adolescência e a ansiedade

A adolescência é um período de intensas transformações físicas, emocionais e sociais, gerando ansiedade, especialmente em relação à sexualidade. Teóricos como Freud, Beck e Clark mostram como conflitos internos, crenças distorcidas e pressões sociais influenciam esse processo. A compreensão e a aceitação da sexualidade são cruciais, e a psicoterapia, incluindo psicanálise e TCC, oferecem caminhos para lidar com a ansiedade e promover bem-estar.

Michele Bouvier Sollack

MICHELE BOUVIER SOLLACK

Empresária e empreendedora no mercado de saúde integrada e educação, palestrante corporativa e ativista na luta contra a violência doméstica, de gênero e abuso sexual infantil. Graduada em Marketing e Gestão (SP), Artes Dramáticas e Psicologia (RJ), com diversas especializações e pós-graduações. Atua no terceiro setor, liderando um instituto voltado à capacitação e geração de oportunidades, ajudando a quebrar ciclos de violência e escassez cultural e financeira. Engajada em políticas sociais para a redução da violência contra vulneráveis. Mãe de trigêmeos, mulher forte e sensível à vida, nasceu para "levantar" pessoas.

Contatos: contatomichelebouvier@gmail.com
Instagram: @mibouvieroficial

Segundo a Organização Mundial da Saúde (OMS), a adolescência é caracterizada pelo período entre a infância e a fase adulta, que corresponde à faixa etária de 10 a 19 anos. Nessa fase, vão ocorrer diversas transformações biológicas, como crescimento dos ossos, desenvolvimento dos órgãos e sistemas e amadurecimento das características sexuais secundárias.

Também estão presentes nesse contexto mudanças psicológicas, que envolvem alteração de humor, desejo de viver intensamente, atração sexual, questionamentos sobre a vida, necessidade de aceitação, formação de grupos, afirmação da identidade pessoal e sexual e a iniciação na vida sexual.

Tomando-se a sociedade contemporânea, imersa em rápidas mudanças, são desencadeadas discussões sobre gênero e sexualidade como o centro do debate cultural, com um leque expandido de identidades que pode proporcionar liberdade e empoderamento para aqueles que encontram nessas definições um reflexo de suas experiências, mas também ser fonte de insegurança e confusão para outros que ainda estão em processo de autodescoberta.

A partir dessas percepções, a correlação entre a ansiedade e o desenvolvimento da sexualidade representa uma temática de grande relevância para a psicologia, especialmente durante a adolescência, que representa um período crítico de descobertas e transformações, quando os indivíduos enfrentam transformações físicas significativas e passam a explorar novas dimensões sociais e emocionais, que moldarão a identidade própria. Surge também a busca por compreensão e aceitação da própria sexualidade, o que pode aflorar sentimentos de ansiedade, manifestando-se por meio de preocupações, medos e inseguranças.

Na literatura, são encontrados diversos estudiosos importantes que abordaram a temática da sexualidade, como Sigmund Freud, sendo uma característica inerente ao desenvolvimento psiquiátrico. Aaron Beck valeu-se da terapia cognitivo-comportamental para enfatizar a influência dos pensamentos distorcidos na percepção da realidade, bem como os impactos de tais padrões na ansiedade, principalmente em situações sociais.

Tais conhecimentos foram fundamentais para compreender a forma com que a ansiedade pode surgir na adolescência, juntamente à descoberta da sexualidade. Outro importante teórico foi David Clark, que explorou a relação entre as crenças pessoais e as relações emocionais, tornando notório o fato de que pensamentos automáticos podem intensificar a ansiedade relacionada com experiências sexuais.

Além desses, ganham destaque Judith Butler e Eve Kosofsky Sedgwick, que desafiaram as normas culturais que definem a experiência da sexualidade, indicando a forma com que tais expectativas podem gerar ansiedade quanto à identidade e ao prazer. Portanto, a busca por aceitação e compreensão em meio às pressões sociais representa um assunto recorrente, que afeta fortemente a experiência juvenil.

A transição da infância para a adolescência

Segundo Erik Erikson (1968), um dos principais teóricos do desenvolvimento psicossocial, a transição da infância para a adolescência é caracterizada pela crise de identidade, com a busca por entender quem é e qual é seu lugar no mundo. Dessa maneira, afirma que "o desenvolvimento da identidade é uma tarefa central da adolescência, e sua realização está diretamente ligada à capacidade de integrar experiências passadas com aspirações futuras".

Além disso, as mudanças físicas estão entre as mais notáveis, quando os indivíduos experimentam crescimento acelerado, alterações hormonais e o desenvolvimento de características sexuais secundárias, as quais podem causar desconforto e insegurança, contribuindo para a ansiedade. Nessa perspectiva, o psicólogo Laurence Steinberg (2005) observa que tais alterações podem gerar comparações sociais, levando ao sentimento de inadequação e insegurança sobre suas aparências.

Igualmente significativas são as mudanças psicológicas, considerando-se que o desenvolvimento da capacidade de raciocínio abstrato, conforme proposto por Jean Piaget em sua teoria do desenvolvimento cognitivo, permite que os adolescentes pensem sobre questões éticas, filosóficas e pessoais de forma mais profunda. Contudo, essa nova capacidade também pode gerar conflitos internos, já que se tornam mais conscientes de suas emoções e de como elas interagem com suas identidades.

Deve-se destacar que a transição da infância para a adolescência traz consigo uma série de desafios, especialmente a busca pela identidade, que pode levar a comportamentos de risco e à busca por aceitação em grupos sociais. Erikson (1968) descreve essa busca como uma "crise de identidade", na qual almeja-se conciliar as expectativas sociais com suas próprias aspirações.

Além disso, a pressão social e acadêmica é intensa, contribuindo para o estresse e a ansiedade. Assim, Steinberg (2005) ressalta que os adolescentes que se sentem sobrecarregados pelas expectativas acadêmicas têm maior probabilidade de relatar sintomas de ansiedade e depressão. As mudanças nas relações familiares também se tornam evidentes, aumentando a busca por autonomia e independência, o que pode levar a conflitos com os pais. A pesquisa de Smetana (2011) sugere que os adolescentes que experimentam uma relação conflituosa têm maior probabilidade de relatar dificuldades emocionais e sociais.

Além disso, a descoberta da sexualidade é uma parte crucial do período, mas também uma fonte notória de ansiedade e insegurança. É comum que os adolescentes sintam pressão para se conformar às normas sociais relacionadas ao assunto e aos relacionamentos. A falta de educação sexual adequada pode levar a confusões e mal-entendidos sobre prazer e relacionamentos.

Portanto, observa-se que a transição da infância para a adolescência é um período de crescimento e descoberta, mas também de desafios e dificuldades. A busca pela identidade, as pressões sociais e acadêmicas, as mudanças nas relações familiares e o desenvolvimento da sexualidade são apenas algumas das questões enfrentadas. Assim, para navegar por esse período de maneira saudável, é crucial que haja apoio emocional e educativo, tanto de familiares, quanto de profissionais de saúde mental, especialmente psicólogos. Compreender os fatores que impactam essa transição é essencial para o desenvolvimento de intervenções eficazes que promovam o bem-estar emocional e psicológico, permitindo o enfrentamento dos desafios dessa fase com mais confiança e resiliência.

Sigmund Freud e a teoria psicanalítica

Sigmund Freud, fundador da psicanálise, foi um dos primeiros a ligar a sexualidade ao desenvolvimento psíquico e à formação da personalidade. Em sua teoria do desenvolvimento psicossexual, propôs cinco estágios: oral, anal, fálico, latência e genital, sendo que a passagem por cada um desses é fundamental para o desenvolvimento emocional e sexual do indivíduo.

O estudioso acreditava que a ansiedade pode ser vista como uma manifestação de conflitos internos, especialmente entre os impulsos inconscientes e os mecanismos de defesa do ego. Em particular, o complexo de Édipo, que surge no estágio fálico, é um exemplo de como desejos inconscientes podem gerar conflitos que resultam em ansiedade e, quando não são resolvidos, podem ressoar na vida adulta, primordialmente em questões relacionadas à sexualidade.

Assim, conforme explica Freud (1905), a repressão de desejos sexuais pode gerar "neuroses" que se manifestam em forma de ansiedade. Os indivíduos que enfrentam experiências traumáticas ou repressivas durante a infância podem carregar uma carga emocional significativa, levando a sentimentos de culpa e de insegurança ao explorar sua sexualidade. Essa dinâmica revela como a descoberta da sexualidade é frequentemente cercada por um campo de tensão entre desejo e repressão, culminando em ansiedade.

Aaron Beck, David Clark e a terapia cognitivo-comportamental (TCC)

A terapia cognitivo-comportamental (TCC), desenvolvida por Aaron Beck, oferece uma perspectiva distinta sobre a ansiedade e sua relação com a sexualidade. O autor argumenta que a ansiedade é frequentemente o resultado de padrões de pensamento distorcidos, que geram crenças negativas sobre si mesmo e sobre o mundo. Por consequência, esses pensamentos automáticos negativos podem ter um impacto profundo na experiência sexual dos jovens.

Em sua obra *Cognitive therapy and the emotional disorders* (1976), Beck afirma que "os indivíduos frequentemente distorcem a realidade através de filtros negativos, levando a uma percepção errônea de situações". No contexto da sexualidade, isso pode se traduzir em crenças disfuncionais, como a ideia de que o prazer sexual é algo vergonhoso ou inadequado. Como resultado, essas distorções cognitivas podem gerar altos níveis de ansiedade e insegurança em relação ao desempenho sexual.

Já David Clark, um dos principais colaboradores de Beck, expandiu essa ideia, abordando a ansiedade social em *Cognitive-behavioral therapy for anxiety disorders: a practice manual* (2009), no qual aponta que as crenças irracionais sobre a performance sexual e o medo de julgamento podem exacerbar a ansiedade. Ele observa que a interpretação catastrófica de experiências sexuais, como o medo do fracasso ou da rejeição, pode criar um ciclo vicioso que impede os jovens de explorar esse aspecto de maneira saudável.

Essa abordagem enfatiza que, para muitos adolescentes, a descoberta do prazer sexual é complexa e pode ser ofuscada por níveis elevados de ansiedade se eles internalizarem crenças distorcidas sobre o que é aceitável ou normal. Portanto, a TCC pode ser uma ferramenta eficaz para ajudá-los na reestruturação dessas crenças, promovendo uma experiência sexual mais positiva.

Perspectiva contemporânea

Pesquisas contemporâneas em psicologia clínica revelam que a ansiedade de desempenho sexual é uma preocupação comum entre os jovens, especialmente em sociedades que impõem normas rígidas sobre o assunto. A literatura sugere que aqueles que cresceram em ambientes que demonizam ou reprimem a sexualidade tendem a associar o prazer a sentimentos de inadequação, medo e culpa.

O estudo de Assis *et al.* (2014) em *Adolescência, comportamento sexual e fatores de risco à saúde* destaca que os jovens que enfrentam pressões sociais em relação ao comportamento sexual muitas vezes experimentam altos níveis de ansiedade, o que pode prejudicar sua saúde sexual e emocional. Além disso, a pesquisa aponta que a falta de educação nesse campo abrangente contribui para o desenvolvimento de ansiedades em torno do assunto, perpetuando a crença de que o prazer é algo a ser temido ou reprimido.

Teóricos como Masterson e Rinsley também enfatizam a importância das relações parentais e das primeiras experiências de apego no desenvolvimento da sexualidade. Em *Search for the real self* (1990), Masterson argumenta que um ambiente familiar que promove uma visão negativa do prazer sexual pode intensificar a ansiedade, levando os jovens a internalizar mensagens de culpa. Essa internalização pode resultar em dissociação entre desejo e prazer, tornando a exploração da sexualidade uma fonte de estresse e conflito emocional. No entanto, é válido destacar que a obra em questão não é voltada exclusivamente à sexualidade, embora aborde o viés mencionado.

Avaliação da aplicabilidade das teorias

A relação entre ansiedade e sexualidade é um tema complexo que pode ser compreendido por meio das contribuições dos diferentes teóricos abordados, tendo-se que Freud destacou a importância da terapia psicanalítica para proporcionar um espaço seguro no qual os pacientes explorem as experiências e desenvolvam maior consciência sobre como elas influenciam seus comportamentos sexuais. Em outra perspectiva, Beck e Clark abordaram a terapia cognitivo-comportamental (TCC) como eficaz nesse contexto, permitindo que os jovens identifiquem e reestruturem essas crenças, promovendo, assim, uma maior confiança em sua sexualidade.

Já os teóricos contemporâneos, como Zimbardo e Leippe, sugeriram que a exploração da sexualidade em um ambiente de aceitação pode reduzir a ansiedade e promover bem-estar geral. Na prática clínica, significa criar um espaço terapêutico seguro para discutir experiências sem medo de reprovação. Essa aceitação das emoções e desejos é fundamental para o desenvolvimento saudável da identidade sexual.

Assim, a atuação do psicólogo contemporâneo pode integrar essas teorias. A terapia psicanalítica ajuda na exploração de conflitos internos, enquanto a TCC foca na reestruturação de crenças negativas. Além disso, a promoção de um ambiente seguro e a educação sexual são essenciais para desmistificar tabus e promover uma vivência saudável da sexualidade. Portanto, a abordagem integrada permite tratar as dificuldades dos pacientes de forma holística, contribuindo para seu bem-estar emocional e para uma relação mais positiva com a sexualidade.

Referências

ASSIS, S. G.; GOMES, R.; PIRES, T. O. Adolescência, comportamento sexual e fatores de risco à saúde. *Revista de Saúde Pública*, São Paulo, v. 48, n. 1, p. 15-23, fev. 2014. Doi: 10.1590/S0034-8910.2014048004638.

ERIKSON, E. H. *Identidade*: juventude e crise. Trad. Marlene de Fátima N. de M. Santos. Rio de Janeiro: Jorge Zahar, 1968.

MASTERSON, J. F. *Search for the real self*: unmasking the personality disorders of our age. 1. ed. Nova Iorque: Free Press, 1990.

PIAGET, J. *A psicologia da inteligência*. Trad. Ruy M. Barbosa. São Paulo: Cultrix, 1975.

SLEETER, C. E.; SANCHEZ, J. Cognitive and instructional strategies for diverse learners. *In*: BANKS, J. A.; BANKS, C. A. M. (eds.). *The handbook of multicultural education*. San Francisco: Jossey-Bass, 1995. p. 151-175.

SMETANA, J. G. Adolescent-parent conflict: the role of parents' socialization practices. *In*: LERNER, R. M.; STEINBERG, L. (eds.). *Handbook of adolescent psychology*. Hoboken: John Wiley & Sons, 2011. p. 356-383.

SOUSA, K. dos S.; SILVA, P. O. Transtorno de ansiedade em adolescentes: impactos no desenvolvimento e agravamento de outras patologias. *Arquivos de Ciências da Saúde da UNIPAR*, v. 27, n. 4, p. 1962-1973, 2023. Doi: 10.25110/arqsaude.v27i4.2023-023.

STEINBERG, L. *You and your adolescent*: a parent's guide for ages 10 to 18. Nova Iorque: Simon & Schuster, 2005.

CAPÍTULO 21

Conexões seguras

Guia para pais e terapeutas sobre apego e ansiedade de separação

Neste capítulo, exploraremos os transtornos de ansiedade em crianças, com foco no transtorno de ansiedade de separação (TAS), que afeta até 20% da população infantojuvenil. Analisaremos causas, sintomas e impactos no desenvolvimento emocional e social. Apresentaremos a eficácia da terapia cognitivo-comportamental (TCC) no tratamento do TAS, destacando a importância das conexões seguras segundo a teoria do apego, que demonstra como as relações com cuidadores influenciam a regulação emocional. Integrar a família no tratamento é fundamental para promover o bem-estar emocional e prevenir problemas futuros.

Pedro Felippe Brandão

PEDRO FELIPPE BRANDÃO

É professor e diretor de escola pública em Teresópolis/RJ, com mais de dez anos de experiência na educação. Também é psicólogo, com especialização em Terapia Cognitivo-comportamental pela PUC-Rio e pós-graduação em Gestão Escolar e Orientação Pedagógica. Como estudioso do desenvolvimento infantil, também atua como psicólogo escolar em uma escola bilíngue, onde oferece suporte psicológico, orientações para pais e estratégias de intervenção que facilitam a aprendizagem e a socialização dos alunos. Desde o início de sua carreira, se encantou pela teoria do apego de John Bowlby, que enriqueceu seu trabalho clínico com crianças que enfrentam a ansiedade. Além de sua dedicação profissional, é um pai comprometido, sempre buscando conciliar sua carreira com a criação de sua filha, valorizando momentos de conexão e aprendizado em família.

Contato: psicologopedrofelippe@gmail.com

Os transtornos de ansiedade em crianças e jovens têm se tornado uma preocupação crescente na área da saúde mental, com uma prevalência que varia de 4% a 20% da população infantojuvenil, conforme apontam estudos (Petersen, 2011; de Lijster *et al.*, 2019; Côté *et al.*, 2009). O transtorno de ansiedade de separação (TAS) afeta cerca de metade das crianças e adolescentes com transtornos de ansiedade, com sintomas iniciais surgindo entre seis e sete anos. Caracteriza-se por medo excessivo de separação, preocupações com a saúde dos cuidadores, medo de eventos indesejados, relutância em ficar sozinho (*American Psychiatric Association*, 2014).

A etiologia do TAS não é completamente compreendida, mas fatores biológicos e ambientais desempenham papéis importantes (Figueroa *et al.*, 2015).

O TAS envolve sintomas comportamentais, como angústia, medo de separação, choro e dificuldades de concentração, além de sintomas físicos, como dores de cabeça, tontura e taquicardia, frequentemente resultando em visitas a hospitais (Silva, 2023). Esse transtorno pode comprometer a vida escolar e social e aumentar o risco de outros problemas na vida adulta (Côté *et al.*, 2009; Prinzie *et al.*, 2014; Petersen, 2011).

O tratamento do transtorno de ansiedade de separação varia conforme a gravidade dos sintomas, podendo incluir manejo comportamental, psicoterapia e, em casos graves, medicamentos como inibidores seletivos da recaptação da serotonina (Silva, 2023). A teoria do apego pode enriquecer essa abordagem, destacando o impacto das relações emocionais na infância e permitindo intervenções mais eficazes no tratamento do TAS. A terapia cognitivo-comportamental (TCC) tem sido apontada como uma das abordagens terapêuticas de maior efetividade para o tratamento dos transtornos de ansiedade segundo critérios da divisão 12 da *American Psychological Association* (Society of Clinical Psychology, c2022). A TCC é uma abordagem baseada em evidências que considera a influência mútua entre ambiente, pensamento, emoção e comportamento. Ela parte do princípio de que crenças ou esquemas cognitivos formados ao longo da vida orientam o significado atribuído às situações (Gurgel, 2014). Portanto, um dos pilares dessa intervenção com crianças e adolescentes é o trabalho terapêutico no contexto familiar, pois o desenvolvimento infantil é influenciado pela modelagem parental, experiências iniciais e características inatas da criança (Frassetto & Bakos, 2010; Gurgel, 2014). Stallard (2010) destaca a importância da família no surgimento e na manutenção dos transtornos infantis, apontando que a orientação aos pais, proposta pela TCC, é uma ferramenta essencial. A teoria do apego, por sua vez, sugere que os seres humanos têm uma necessidade inata de se conectar com outros, buscando proteção e segurança por meio de comportamentos específicos. Nosso comportamento é moldado pela busca de vínculos que garantem nosso bem-estar (Reis, 2019). A organização desses comportamentos permite flexibilidade no aprendizado, ajudando a adaptar e a moldar nossas expectativas e respostas aos vínculos.

A teoria do apego, desenvolvida por John Bowlby e Mary Ainsworth, descreve as relações interpessoais, especialmente entre mãe e filho, e como essas relações influenciam o desenvolvimento. A teoria integra de forma coerente a psicanálise, o evolucionismo, o behaviorismo e a psicologia cognitiva (Reis, 2019).

A criança é vista como um ser ativo, buscando atenção e atendendo a necessidades emocionais, como proteção e carinho, desde os primeiros momentos de vida. Sua interação dinâmica com os adultos é essencial para seu desenvolvimento emocional e social. Quando suas necessidades são atendidas, ela forma um apego seguro, criando uma base para explorar o mundo e estabelecer relacionamentos saudáveis. O apego governa os vínculos entre a criança e o cuidador, e a proximidade da figura de apego é crucial para reestabelecer o equilíbrio emocional, garantindo segurança e apoio para seu desenvolvimento.

Diversas condições podem ativar o comportamento de apego na criança, como fadiga, fome, doença, dor ou frio. O comportamento da mãe também é crucial, com a ausência, afastamento ou desencorajamento da proximidade podendo impactar essa dinâmica. Fatores ambientais, como eventos alarmantes, também podem desencadear esse comportamento (Bowlby, 1984). Uma criança segura explora seu ambiente com confiança, mas ao perceber uma ameaça, o sistema de apego é ativado. Ao buscar apoio da figura de apego, o sistema é regulado, restaurando o equilíbrio emocional da criança.

A ativação do sistema de apego é essencial para entender os estilos de apego das crianças, que influenciam a qualidade do vínculo e o modo como lidam com desafios emocionais. O experimento da "Situação Estranha", criado por Mary Ainsworth, avalia as reações das crianças à separação e ao reencontro com suas figuras de apego, identificando quatro estilos: seguro, inseguro-resistente, inseguro-evitativo e desorganizado. No apego seguro, a criança explora com confiança e se acalma rapidamente após a separação. No inseguro-resistente, ela busca proximidade com frustração. No inseguro-evitativo, é indiferente ao retorno. O apego desorganizado envolve reações contraditórias, geralmente associadas a traumas. Esses estilos influenciam o desenvolvimento emocional e as relações futuras da criança, sendo essenciais para intervenções que promovam vínculos saudáveis.

A proposta de Ainsworth destaca a importância de uma figura de apego responsiva para o desenvolvimento de uma base emocional segura, permitindo à criança explorar o ambiente e lidar com o estresse. Crianças que não formam esse apego seguro podem se tornar mais vulneráveis à ansiedade. A falta de um apego confiável e experiências de separação precoce podem agravar essa vulnerabilidade, prejudicando a interação social e o desempenho acadêmico. Compreender essas dinâmicas é essencial para criar intervenções que fortaleçam os vínculos afetivos e proporcionem um ambiente seguro e acolhedor, favorecendo o desenvolvimento emocional saudável das crianças.

A falta de suporte pode prejudicar a interação social e o desempenho escolar da criança. É essencial contar com suporte terapêutico, além do envolvimento da família e da escola na criação de um ambiente seguro e acolhedor. Programas educativos para pais e iniciativas escolares que promovam socialização e bem-estar emocional são fundamentais para o desenvolvimento de habilidades emocionais saudáveis.

O acompanhamento adequado do TAS é crucial para minimizar seus impactos na vida das crianças e dos jovens. A TCC é uma ferramenta eficaz, oferecendo estratégias práticas para enfrentar medos de forma gradual. A inclusão da família no processo terapêutico também é essencial, pois os cuidadores desempenham papel importante na regulação emocional e na formação dos vínculos afetivos. Assim, um tratamento eficaz deve envolver tanto a criança quanto sua rede de apoio, criando um ambiente seguro e acolhedor.

Estabelecer uma boa aliança entre paciente, família e terapeuta é fundamental, especialmente por meio da psicoeducação. Ela deve abordar a ansiedade como emoção normal, os fatores que agravam os sintomas, o curso do TAS, opções de tratamento, suas vantagens e desvantagens, e o prognóstico.

Um plano de manejo comportamental também se faz importante para ajudar famílias a lidar com sintomas leves e comportamentos evitativos do transtorno de ansiedade de separação, como na pré-escola. Para sintomas moderados ou severos, é necessário complementar o plano com outras estratégias, sob a orientação de um psicoterapeuta qualificado, criando um ambiente flexível e de suporte para ajudar a criança a superar a ansiedade.

Algumas recomendações comuns dos psicólogos aos pais	
Ouvir os sentimentos da criança com empatia.	Manter a calma diante da ansiedade infantil.
Ensinar técnicas simples de relaxamento.	Apoiar o retorno à escola após ausências.
Elogiar os esforços da criança e encorajar a participação em atividades fora de casa.	Planejar transições (chegada à escola, preparação para dormir).

Ir para a escola pode ser desafiador para crianças com TAS. Intervenções como planos de reintegração, reuniões regulares com os pais e a avaliação das causas da recusa escolar são essenciais. Oferecer segurança emocional, como garantir que a criança seja recebida pela mesma pessoa de confiança e permitir a presença dos pais nos primeiros dias, também é importante. Outras estratégias incluem dias escolares mais curtos, criação de um espaço seguro na escola, incentivo a técnicas de relaxamento, interações em pequenos grupos e recompensas para motivar a adaptação. Essas medidas ajudam a facilitar o retorno à escola e superar a evitação associada ao TAS (Figueroa *et al.*, 2015).

A TCC ajuda as crianças a identificarem a origem da ansiedade e enfrentar seus medos por meio de psicoeducação, reestruturação cognitiva e exposição gradual. Programas como Coping-Cat e Friends, que combinam essas técnicas, têm mostrado alta eficácia, com elevadas taxas de remissão em estudos clínicos (Petersen & Wainer, 2009).

O aumento dos transtornos de ansiedade entre crianças e jovens, especialmente o TAS, exige atenção e cuidados. Compreender as causas e os sintomas do TAS é essencial para oferecer tratamentos eficazes. Além disso, o apoio das famílias e das escolas é fundamental para ajudar as crianças a lidarem com suas ansiedades. Ao fortalecer os vínculos afetivos e criar um ambiente seguro, podemos promover o bem-estar emocional das crianças, prevenindo problemas futuros. Investir no tratamento e na educação sobre o TAS é um passo importante para o desenvolvimento de jovens mais saudáveis e resilientes.

Referências

AINSWORTH, M. D. S. Attachments beyond infancy. *American Psychologist*, v. 44, n. 4, p. 709-716, 1989. Doi: 10.1037//0003-066x.44.4.709.

AINSWORTH, M. D. S.; BOWLBY, J. An ethological approach to personality development. *American Psychologist*, v. 46, n. 4, p. 333-341, 1991. Disponível em: https://scispace.com/pdf/an-ethological-approach-to-personality-development-4wx-gw9ir2l.pdf. Acesso em: 28 mar. 2025.

AINSWORTH, M. D. S.; WITTING, B. A. Attachment and exploratory behavior in one-year-olds in a strange situation. *In*: FOSS, B. M. (Ed.). *Determinants of infant behavior*. Londres: Methuen, 1969. p. 1-22.

AMERICAN PSYCHIATRIC ASSOCIATION. *Manual diagnóstico e estatístico de transtornos mentais (DSM-5)*. 5. ed. Porto Alegre: Artmed, 2014.

BOWLBY, J. *Apego e perda:* separação – angústia e raiva. Vol. 2. 2. ed. São Paulo: Martins Fontes, 1984.

BOWLBY, J. John Bowlby and ethology: an annotated interview with Robert Hinde. *Attachment & Human Development*, v. 9, n. 4, p. 321-335, 2007. Doi: 10.1080/14616730601149809.

CÔTÉ, S. M. *et al.* E. Depression and anxiety symptoms: onset, developmental course and risk factors during early childhood. *Journal of Child Psychology and Psychiatry*, v. 50, n. 10, p. 1201-1208, 2009. Doi: 10.1111/j.1469-7610.2009.02099.x.

FIGUEROA, A. *et al.* Ansiedade de separação. Genebra: International Association for Child and Adolescent Psychiatry and Allied Professions, 2015.

FRASSETTO, S. S.; BAKOS, D. D. G. S. Cognitive-behavioral therapy for children in a situation of marital separation: a case study. *Revista Brasileira de Terapias Cognitivas*, v. 6, n. 1, 2010. Doi: 10.5935/1808-5687.20100009.

GURGEL, C. *et al. Terapia cognitivo-comportamental com crianças e adolescentes*: guia de referência de ferramentas e estratégias terapêuticas. Foz do Iguaçu: Epígrafe Editorial, 2014.

LIJSTER, J. M. de *et al.* Developmental trajectories of anxiety and depression symptoms from early to middle childhood: a population-based cohort study in the Netherlands. *Journal of Abnormal Child Psychology*, v. 47, n. 11, p. 1785-1798, 2019. Doi: 10.1007/s10802-019-00550-5.

PETERSEN, C. S. *Terapias cognitivo-comportamentais para crianças e adolescentes*. Porto Alegre: Artmed, 2011.

PETERSEN, C.; WAINER, R. *Terapias cognitivo-comportamentais para crianças e adolescentes*. Porto Alegre: Artmed, 2009.

PRINZIE, P. Trajetórias de desenvolvimento de problemas ansiosos e depressivos durante a transição da infância para a adolescência: interações personalidade X parentalidade. *Desenvolvimento e Psicopatologia*, v. 26, n. 4pt1, p. 1077-1092, 2014.

REIS, A. H. *Terapia do esquema com crianças e adolescentes*: do modelo teórico à prática clínica. Porto Alegre: Episteme, 2019. p. 53-85.

SANTOS, V. N. F. *Apego e autismo*: uma análise sobre a relação de apego de uma criança com TEA, seus pares e professoras no contexto inclusivo de educação infantil. 2017. Dissertação (Mestrado) – Universidade Federal Rural de Pernambuco e Fundação Joaquim Nabuco, Recife. 2017.

SILVA, P. C. D. *Transtorno de ansiedade de separação em adolescentes escolares e os prejuízos no aspecto social.* 2023. 60 f. Tese (Mestrado) – Universidade Federal de Pernambuco, Pernambuco, 2023. Disponível em: https://repositorio.ufpe.br/bitstream/123456789/50221/1/DISSERTA%c3%87%c3%83O%20Priscila%20Carla%20da%20Silva.pdf. Acesso em: 28 mar. 2025.

SOCIETY OF CLINICAL PSYCHOLOGY. Cognitive and behavioral therapies for generalized anxiety disorder. *Society of Clinical Psychology*, 2022. Disponível em: https://div12.org/treatment/cognitive-and-behavioral-therapies-for-generalized-anxiety-disorder. Acesso em: 28 mar. 2025.

STALLARD, P. *Ansiedade*: terapia cognitivo-comportamental para crianças e jovens. Porto Alegre: Artmed, 2010.

CAPÍTULO 22

O impacto da ansiedade no processo de aprendizagem

Somos facilmente afetados pelas emoções. E a ansiedade, nas crianças e adolescentes, impactará diretamente na aprendizagem. Neste capítulo, serão abordados os aspectos cognitivos e emocionais que influenciam nessa fase do desenvolvimento que é o alicerce para a saúde mental e para o pleno aprendizado.

Renata Alli Nunes Correa

RENATA ALLI NUNES CORREA

É psicóloga, pós-graduada em Neuropsicologia, Terapia Cognitivo-comportamental e Transtorno do Espectro Autista. Tem experiência na avaliação de crianças e adolescentes e na psicoterapia de adultos. Atua também como Educadora Parental com certificação internacional em Disciplina Positiva pela Positive Discipline Association (PDA).

Contatos: renataallicorrea@gmail.com
Instagram: @renataalli_psisaudavel
21 99249 2898

Quem nunca se sentiu ansioso antes de fazer uma prova, ou antes de apresentar um trabalho em sala de aula? E quantas vezes, durante uma aula, nossos pensamentos são roubados pela preocupação ou expectativa de algum evento que está por vir? Sem esquecer das sensações do corpo, como coração acelerado e inquietação, que fazem as pernas balançar e até roer as unhas!

Esse é o efeito da ansiedade, que nada mais é do que uma reação natural em relação a um evento futuro, ou a problemas do cotidiano. A ansiedade nos ajuda a preparar nossa mente e corpo para lidar com situações desafiadoras (como ir a uma festa ou encontro amoroso). E, quando estamos diante de um possível perigo ou ameaça, a ansiedade também é acionada, como um alerta, sinalizando que aquela situação exige cuidado.

Muitas vezes esse sentimento desconfortável traz pensamentos negativos: "Eu sou uma burra!"; "Meus amigos vão achar que eu sou um fracasso!"; "Se eu não tirar notas boas nas provas, não serei ninguém na vida!". Essas distorções cognitivas podem provocar outras emoções desagradáveis, como frustração e tristeza. O excesso e a recorrência dessas emoções podem acarretar dificuldades de interação social, baixa autoestima, prejuízos atencionais, levando à depressão e a afetar a saúde mental daquele indivíduo até mesmo durante a vida adulta.

Crianças e adolescentes, com seus cérebros em desenvolvimento, podem ser prejudicados pelo excesso de ansiedade. Os transtornos de ansiedade podem afetar no processo de aprendizagem tanto quanto os transtornos do neurodesenvolvimento (como, por exemplo, o TDAH). É por isso que é tão importante falar sobre o impacto que a ansiedade tem no processo de aprendizagem e, neste capítulo, abordaremos esse assunto.

Quando a ansiedade deixa de ser saudável?

Desde antes dos tempos das cavernas, nós sentíamos as emoções diante das mais diversas situações. O medo e a ansiedade eram essenciais para a nossa sobrevivência. Segundo Fonseca (2016), as emoções preparam e orientam comportamentos para vivências positivas ou negativas, isso mostra o seu aspecto adaptativo.

Nesse sentido, falaremos rapidamente sobre a fase do desenvolvimento que é caracterizada por comportamentos ansiosos. Por exemplo, bebês dos oito aos doze meses de idade podem chorar quando são afastados da sua mãe. Aquele bebê que ia no colo de estranhos começa a rejeitar até o colo de conhecidos, sentindo-se mais seguro com sua mãe. E, quando uma criança tão pequena ingressa na creche, precisa de um tempo de adaptação, pois ser separada dos seus cuidadores lhe causa grande sofrimento. Essa ansiedade de separação é compatível com o nível de desenvolvimento.

Seguindo mais um pouco, transições escolares também podem despertar fortes emoções. Sair da educação infantil e entrar no ensino fundamental é uma mudança importante na vida daquele pequeno indivíduo. Assim como iniciar o ensino médio e ingressar na faculdade. Eventos como esses podem desencadear inquietação, coração acelerado, tremor, falta de ar e até mesmo dor de barriga. Contudo, essas sensações são passageiras e as emoções tendem a voltar ao seu estado de equilíbrio.

A ansiedade passa a ser um problema quando essas sensações desagradáveis se tornam duradouras, exageradas e surgem a qualquer momento. De acordo com o *DSM-5-TR* (APA, 2023), os transtornos de ansiedade se caracterizam por sensações de medo e ansiedade excessivos, que persistem para além de períodos apropriados ao nível de desenvolvimento.

O *DSM-5-TR* (APA, 2023) informa que muitos dos transtornos ansiosos podem surgir na infância e tendem a persistir se não forem tratados. Destacamos os principais transtornos que podem surgir na infância/adolescência: **transtorno de ansiedade de separação** (por ansiedade excessiva, envolvendo a separação da figura de apego); **mutismo seletivo** (relacionado à dificuldade em falar em situações sociais); **fobia específica** (comportamento de evitação em relação a objetos ou situações das quais se sente medo, de forma persistente e desproporcional); **fobia social** (ansiedade excessiva diante de situações sociais); **transtorno do pânico** (ataques de pânico recorrentes, inesperados, de forma abrupta e intensa); **transtorno de ansiedade generalizada** (preocupação excessiva em relação a diversas áreas da vida).

O que pode causar transtornos de ansiedade?

- Fatores biológicos (do próprio indivíduo), como o temperamento e a genética.
- Fatores ambientais, como as experiências de vida. Ambiente familiar com pouca conexão afetiva e com conflitos frequentes. Ambiente escolar competitivo e opressor.
- Uso excessivo de telas (principalmente jogos on-line e redes sociais).

E qual a relação da ansiedade com a aprendizagem?

Ferreira (2016) revela que a emoção exerce importante influência nos processos cognitivos e na aprendizagem. Esta depende basicamente de funções como percepção, atenção, motivação e memória. Com isso, as alterações emocionais podem impactar positivamente ou negativamente na aprendizagem.

Como o cérebro aprende? Em breves palavras, pode-se dizer que a aprendizagem acontece em etapas, por meio de um sistema organizado: as informações passam pelos receptores sensoriais (auditivo, visual, tátil, cinestésico), pela cognição (atenção, memória, compreensão, entre outros), sendo percebidas e interpretadas (falando, desenhando, lendo, escrevendo), ocorrendo, então, a retenção da informação.

Desse modo, Riesgo (2016) revela que existem vários fatores envolvidos nesse processo, tais como fatores emocionais, ambientais, neurológicos e sociais. E tudo isso ocorre no sistema nervoso central, havendo uma forte ligação entre aprendizagem e memória.

Portanto, se uma criança ou adolescente está vivenciando constantes episódios de sensações físicas e cognitivas desencadeadas pela ansiedade, certamente, todas as áreas da sua vida serão impactadas, pois surgirão sintomas como: fadiga, irritabilidade, aumento ou diminuição do apetite, afetando também a habilidade atencional e de memorização. Esse fato traz prejuízos para as relações sociais e no rendimento acadêmico.

Isso nos leva a outro ponto, que é diferenciar as dificuldades de aprendizagem dos transtornos de aprendizagem.

Os transtornos de aprendizagem se caracterizam pela dificuldade persistente em relação ao desempenho acadêmico, que pode envolver leitura, escrita e/ou aritmética. E, mesmo diante de intervenções, o indivíduo tem dificuldades em acompanhar seus colegas de classe, havendo uma importante defasagem escolar. Esse quadro não é adquirido devido a questões emocionais, traumas ou falta de estímulo. A ansiedade até pode piorar o quadro, no entanto não é o principal motivo.

Já a dificuldade de aprendizagem é transitória e natural, pode estar relacionada aos fatores emocionais, sociais e ambientais. Pode ser devido a proposta pedagógica da escola, padrão alto de exigência escolar e conflitos familiares. No entanto, com ajustes e mudanças em relação a esses fatores, o indivíduo recupera seu desempenho escolar.

Como saber o motivo do baixo rendimento escolar?

Uma das formas para melhor compreensão sobre os problemas que crianças ou adolescentes vêm tendo em sala de aula é buscar ajuda com profissionais da área de saúde, conversar com o neuropediatra, com o psicólogo e buscar avaliação neuropsicológica.

Muitas vezes, é essencial o processo de educação parental, assim, será possível fazer uma análise do ambiente familiar e orientar os pais sobre os aspectos relacionados ao desenvolvimento infantil, a adolescência e ao que é esperado em cada fase. Além disso, é fundamental criar momentos de conexão afetiva e escuta ativa, desenvolvendo um laço de confiança e parceria com seu filho e/ou aluno.

Referências

AMERICAN PSYCHIATRIC ASSOCIATION. *Manual diagnóstico e estatístico de transtornos mentais*. 5. ed. Porto Alegre: Artmed, 2023.

FERREIRA, M. H. Aprendizagem e aspectos emocionais. *In*: ROTTA, N.; OHLWEILER, L.; RIESGO, R. (org.). *Transtornos da aprendizagem*: abordagem neurobiológica e multidisciplinar. 2. ed. Porto Alegre: Artmed, 2016. p. 450-468.

FONSECA, V. Importância das emoções na aprendizagem: uma abordagem neuropsicopedagógica. *Revista Psicopedagogia*, v. 33, n. 102, p. 365-384, 2016. Disponível em: http://pepsic.bvsalud.org/scielo.php?script=sci_arttext&pid=S0103-84862016000300014&lng=pt&nrm=iso. Acesso em: 29 mar. 2025.

RIESGO, R. S. Anatomia da aprendizagem. *In*: ROTTA, N.; OHLWEILER, L.; RIESGO, R. S. *Transtornos da aprendizagem*: abordagem neurobiológica e multidisciplinar. 2. ed. Porto Alegre: Artmed, 2016.

CAPÍTULO 23

Tratamento farmacológico dos transtornos de ansiedade na infância e na adolescência

Crianças e adolescentes com quadros ansiosos respondem bem a intervenções psicossociais, porém quando há muitos sintomas físicos ou grande sofrimento, levando a prejuízo emocional, acadêmico ou social, associa-se medicação à psicoterapia.

Silvia Mariama

SILVIA MARIAMA

RQE 25105

Psiquiatra especialista em Saúde Mental da Infância e Adolescência. Diretora da Abenepi Rio e Abenepi Nacional (Associação Brasileira de Neurologia, Psiquiatria Infantil e Profissões Afins). Professora na Faculdade de Medicina Souza Marques.

Contatos: mariamasilvia@gmail.com
psqmariama@gmail.com

A ansiedade é uma emoção normal, faz parte da evolução do homem e teve um papel importante na sobrevivência da espécie. Há características de prevenção de riscos e ameaças, assim como de motivação.

Há casos em que a ansiedade é patológica, sendo necessário avaliação e tratamento. Isso ocorre quando é exagerada e desproporcional ao estímulo, diferente da ansiedade normal, que é uma resposta adaptativa e adequada.

A ansiedade infantil foi pouco estudada e valorizada até a década de 1980. Nesse período, não era reconhecida como patológica e sim transitória e benigna.

Atualmente, a ciência valida quadros ansiosos na população infantojuvenil e seus impactos nas mais diversas atividades.

Crianças ansiosas apresentam mais sintomas somáticos, o que leva a maior busca por serviços de saúde. Elas podem se queixar de dor de cabeça, dor de estômago, cansaço excessivo e alterações do sono, assim como podem ter crises de ansiedade com taquicardia, falta de ar, sudorese excessiva, tremor, dormência e sensação de desmaio.

Pode ocorrer também impacto na vida acadêmica, como: queda das notas, atrasos nos horários, faltas, recusa de ir para a escola e até abandono escolar.

Os transtornos de ansiedade na infância e adolescência (TAIA) podem perdurar por longos anos e adentrar a vida adulta. Além disso, podem coexistir dois ou mais transtornos de ansiedade e depressão, agravando o quadro.

As causas de TAIA estão relacionadas à herança genética, a problemas no ambiente familiar ou escolar e à vulnerabilidade individual, como comportamento inibido.

Os TAIA são:

- Transtorno de ansiedade de separação.
- Mutismo seletivo.
- Fobias específicas.
- Transtorno de ansiedade social.
- Transtorno do pânico.
- Transtorno de ansiedade generalizada.

Na atualidade, o transtorno obsessivo compulsivo (TOC) não é mais considerado como um transtorno de ansiedade, mas sim como parte do espectro obsessivo compulsivo, por ter características diferentes. O transtorno de estresse pós-traumático (TEPT) também é estudado em capítulo à parte, pois há necessidade de um acontecimento assustador que vai engatilhar o transtorno. No entanto, ambos os transtornos apresentam ansiedade no curso da doença. Logo, o tratamento farmacológico pode ser semelhante. Todos os TA têm como sintomas-alvo os **medos** e as **preocupações.**

A neurobiologia dos TA é importante para compreender o tratamento farmacológico. Os transtornos de ansiedade estão relacionados com determinadas áreas cerebrais, circuitos e neurotransmissores. Ocorrem alterações em uma área chamada sistema límbico, particularmente em uma estrutura: a amígdala.

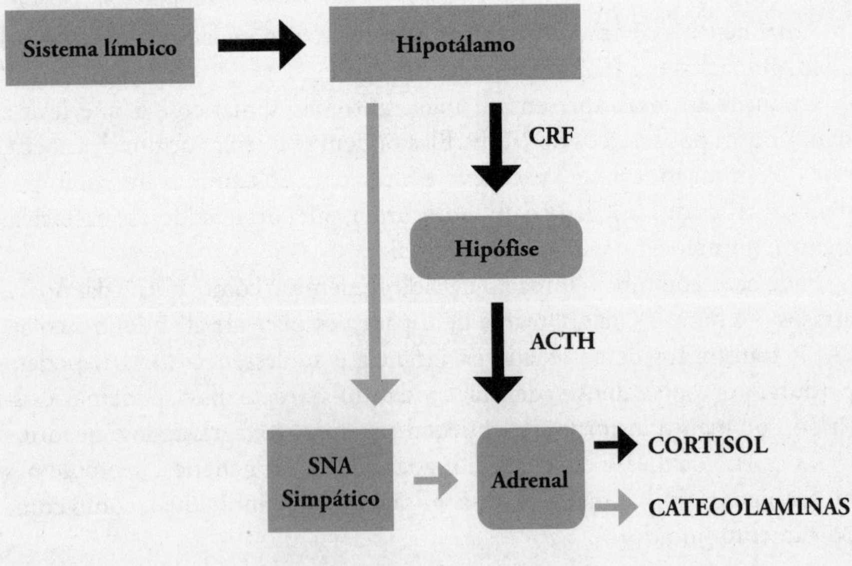

Figura 1: Resposta do corpo ao estresse.

Fonte: elaborada pela autora.

O sistema límbico é uma região do cérebro que tem a função de avaliar afetivamente as situações, integrar o sistema nervoso ao endocrinológico e imunológico e organizar uma reação adequada (resposta do corpo ao estresse). No sistema límbico, há uma estrutura chamada amígdala, que é o nosso "alarme" que se ativa em situações de medo e ansiedade. Na Figura 1, vemos a conexão do sistema neuroendócrino liberando mais cortisol. O hipotálamo ativa a hipófise, que ativa a adrenal, que libera cortisol, substância relacionada ao estresse. O sistema nervoso simpático ativa também a adrenal, que libera catecolaminas. Cortisol e catecolaminas estão relacionados à resposta ao medo e à ansiedade.

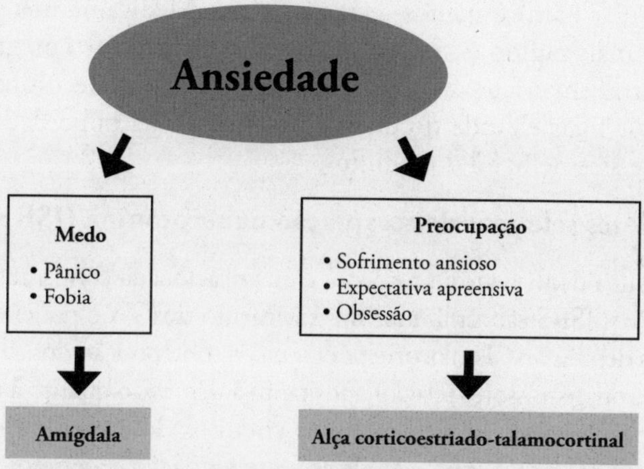

Figura 2: Impactos da ansiedade na amígdala e na alça de preocupação.
Fonte: elaborada pela autora.

A neurobiologia da ansiedade está associada a regiões do cérebro, circuitos da amígdala (medo), circuito córtico-estriado-tálamo-cortical (CETC) (chamado "alça de preocupação") e neurotransmissores (Figura 2).

As substâncias envolvidas na ansiedade são: 5HT (serotonina), Gaba (ácido gama-aminobutírico), Glutamato, CRF (fator de liberação de corticotrofina), NA (noradrenalina) e DA (dopamina).

Quando indicar medicamentos para transtornos ansiosos em crianças e adolescentes?

As crianças, principalmente as mais novas, devem ser, em primeiro lugar, avaliadas para saber se a psicoterapia utilizada, particularmente a terapia cognitivo-comportamental (TCC), será eficaz. Mas para casos com sintomas ansiosos mais graves e prejuízo no desempenho emocional, social e acadêmico, há indicação de intervenção medicamentosa.

O tratamento, seja o psicoterápico, o medicamentoso ou ambos, terá como objetivo tratar aquele momento e, com isso, a criança retorna ao seu funcionamento e desenvolvimento normais, lembrando que sintomas ansiosos podem se tornar crônicos e perdurar ao longo de anos.

Tratar a criança significa interferir positivamente no seu presente e no seu futuro.

Quais medicamentos podem ser usados nesta população?

A farmacocinética (o que o corpo faz com a medicação) em crianças é diferente. Crianças têm maior capacidade hepática (fígado), mais filtração glomerular (rim) e menos tecido adiposo. Medicamentos podem ser eliminados mais rápido e as meias-vidas de muitos medicamentos podem ser mais curtas em crianças do que em adultos, por isso necessitam de uma dose *por peso* mais elevada do que em adultos. Já na puberdade, as doses tendem a se assemelhar à dos adultos.

1. Inibidores seletivos de recaptação da serotonina (ISRS)

A serotonina é um neurotransmissor e está relacionada com a ansiedade. Os antidepressivos ISRS são utilizados no tratamento dos TA e podem ser usados em quadros depressivos. Isso ocorre por conta da sobreposição dos sintomas, circuitos e neurotransmissores relacionados tanto à depressão quanto à ansiedade.

A serotonina inerva a amígdala e os circuitos do córtex pré-frontal/estriado/tálamo (CETC), que é a "alça da preocupação" e, então, a serotonina atua nos sintomas de medo e preocupação.

Os antidepressivos ISRS mais pesquisados e utilizados nessa população são: sertralina, fluoxetina, fluvoxamina e paroxetina.

Os AD devem ser iniciados com doses baixas e aumentar de acordo com a eficácia da medicação, a resposta e os efeitos colaterais.

Os efeitos colaterais mais comuns são: cefaleia, náuseas, sonolência, insônia, diminuição do apetite, ansiedade e agitação. No início do tratamento, os pacientes podem se queixar de mais ansiedade, então os médicos têm que conversar previamente sobre indicação, como usar e os possíveis efeitos colaterais. É comum, no início do tratamento, os pacientes terem queixas sobre a medicação e é importante o entendimento de que os benefícios do tratamento demoram um pouco, por isso a ideia é começar devagar e aumentar a dose de acordo com a tolerância.

Esses efeitos tendem a diminuir e a desaparecer em um prazo curto, mas, caso persistam, o ideal é diminuir a dose dentro do recomendado ou trocar a medicação, sempre focado na eficácia, na resposta ao tratamento e na tolerância ao medicamento.

2. Antidepressivos tricíclicos

Hoje, são pouco usados, mas existem estudos principalmente com a imipramina e clomipramina nessa população.

Na prescrição clínica, os tricíclicos foram substituídos pelos ISRS, devido aos efeitos colaterais dos tricíclicos e à preocupação com a função cardíaca.

3. Benzodiazepínicos

Os benzodiazepínicos reduzem a atividade excessiva da amígdala durante a resposta de medo nos TA.

Eles agem no sistema de neurotransmissão gabaérgico, facilitando a ação do GABA. Os benzodiazepínicos exercem ação ansiolítica.

Os medicamentos dessa classe mais utilizados são o Alprazolam e o Clonazepam, que devem ser usados por um período curto, apenas no momento mais agudo do quadro, e suspensos no menor prazo possível.

É necessário ter cuidado com o abuso e a dependência com os benzodiazepínicos, por isso é importante orientar os pais sobre o uso correto da medicação.

4. Betabloqueadores

Os betabloqueadores ajudam o coração a desacelerar, reduzem a pressão arterial e protegem o coração dos efeitos nocivos da adrenalina e da noradrenalina. Também podem ser usados nos tremores essenciais, no tratamento preventivo da enxaqueca e na ansiedade, no qual ocorre a ativação do SN Simpático e liberação de mais noradrenalina nos TA.

O propranolol foi estudado no TEPT e em casos de recusa escolar e ansiedade de desempenho. As dosagens não são bem estabelecidas e é necessário ter cuidado com hipotensão arterial e bradicardia (diminuição da frequência cardíaca).

5. Estabilizadores de humor

Os estabilizadores de humor, como a pregabalina, gabapentina, lamotrigina e ácido valproico são comumente mais usados em adultos e merecem mais estudos na população infantojuvenil.

6. Tratamento das comorbidades

É muito frequente mais de um transtorno de ansiedade, assim como ansiedade e depressão. Mas também podemos observar um TA junto do transtorno do déficit de atenção e hiperatividade (TDAH), o transtorno de humor bipolar (THB) e outras comorbidades. O importante é o médico diagnosticar as comorbidades, tratar primeiro o que for mais relevante e estiver trazendo mais prejuízos e, posteriormente, tratar o outro transtorno, por exemplo: tratar o TA e depois tratar o TDAH. No caso de um TA e THB, é importante ter cuidado com o uso isolado de um antidepressivo, pois o paciente pode fazer uma virada maníaca, por isso a necessidade da avaliação do especialista.

O mais importante para o tratamento, além de um diagnóstico correto e a presença ou não de comorbidades, é entender o temperamento da criança e o ambiente em que ela está inserida, tanto em casa como na escola. É essencial ter uma escuta de acolhimento às crianças e aos seus pais. Também é importante orientar a família e a escola, e se necessário usar medicação. Os medicamentos prescritos por especialistas podem mudar a trajetória desses transtornos, ou seja: esses indivíduos podem viver com medo e ansiedade de forma adequada e adaptativa, e não em forma de transtorno, que é algo patológico.

Em caso de suspeita de sofrimento de uma criança ou mudança de comportamento, é importante buscar avaliação. A ansiedade apresenta mais sintomas internalizantes e nem sempre é fácil de detectar.

Referências

AMERICAN PSYCHIATRIC ASSOCIATION. *Manual diagnóstico e estatístico de transtornos mentais*: DSM-5. Arlington: American Psychiatric Publishing, 2014.

ASBAHR, F. R. *et al. Transtornos de ansiedade na infância e adolescência*. 2. ed. São Paulo: Casa Leitura Médica, 2010.

ASSUMPÇÃO JÚNIOR, F. B. *Psicofarmacoterapia na infância e adolescência*. São Paulo: Atheneu, 2008.

STAHL, S. M. *Psicofarmacologia*: bases neurocientíficas e aplicações práticas. Trad. e revisão técnica Luiz Henrique Junqueira Dieckmann e Michel Haddad. 5. ed. Rio de Janeiro: Guanabara Koogan, 2022.

CAPÍTULO 24

Ansiedade social em crianças escolares de seis a dez anos

Uma proposta de intervenção com terapia cognitivo-comportamental em grupo

A terapia cognitivo-comportamental é considerada padrão ouro para tratamento dos transtornos de ansiedade. Neste capítulo, será abordado o quanto intervenções em grupo podem auxiliar no tratamento desse diagnóstico e ser eficazes a médio e longo prazo, prevenindo transtornos psiquiátricos na vida adulta.

Stella Pereira

STELLA PEREIRA

É psicóloga formada pela UNESA (Nova Friburgo/RJ – 2013), com especialização em Neuropsicologia pela SCM/RJ (2016) e mestrado em Psicologia Clínica e Neurociências pela PUC/RJ (2020). Possui formação em Terapia Cognitivo-comportamental para crianças e adolescentes e em Terapia da Aceitação e Compromisso. Atua como professora em cursos de pós-graduação e formação na área de Psicologia Clínica Infantojuvenil. Tem experiência em terapia individual e em grupo, com foco no treinamento de habilidades sociais. Seu trabalho é voltado para transtornos e demandas relacionadas à ansiedade, TDAH e orientação parental.

Contatos: pereirastella.psi@outlook.com
Instagram: @stellapereira.psiia

Muitos transtornos psiquiátricos têm início na infância e na adolescência, sendo a ansiedade generalizada, a ansiedade de separação e a ansiedade social os mais prevalentes no público infantojuvenil.

Casos de ansiedade e inabilidade social tornaram-se mais frequentes nos últimos anos e crianças cada vez mais novas apresentam queixas que antes eram mais evidenciadas a partir da adolescência. Os sintomas mais comuns tendem a surgir gradualmente entre seis e oito anos de idade.

De acordo com o *Manual diagnóstico e estatístico dos transtornos mentais* – Texto Revisado (APA, 2023), o transtorno de ansiedade social (TAS) acomete cada vez mais crianças e adolescentes em nível mundial e envolve "medo ou ansiedade acentuados acerca de uma ou mais situações sociais em que o indivíduo é exposto a possível avaliação por outras pessoas". Em crianças, a expressão dessas emoções muitas vezes acontece por meio de choros, ataques de raiva, preocupações exageradas, comportamentos de agarrar-se ou encolher-se diante de situações sociais em que temam serem avaliados negativamente. É importante destacar que para configuração diagnóstica os sintomas devem estar presentes há seis meses ou mais.

As consequências provocadas pela ansiedade podem gerar prejuízos em diversos aspectos da vida da criança, incluindo o ambiente escolar, social e familiar, podendo se estender por vários anos. Quando a ansiedade não é tratada ou não recebe tratamento adequado, existe grande possibilidade de agravar os sintomas, levando o caso a evoluir para condições psiquiátricas ao longo da vida, por isso intervenções precoces não devem ser negligenciadas, pois são essenciais para a remissão de sintomas de longo prazo.

O TAS geralmente emerge de histórico infantil de inibição social, timidez, de uma experiência estressante ou traumática. A etiologia do transtorno é multifatorial, envolve uma interação complexa entre fatores biológicos, ambientais e individuais; por isso é importante que o tratamento seja constituído por uma abordagem multimodal, ou seja, que inclua diferentes intervenções, como orientação aos pais, psicoterapia com a criança e/ou em grupo e uso de psicofármacos (se necessário).

A terapia cognitivo-comportamental (TCC) é uma das abordagens mais indicadas para o tratamento de diferentes sintomatologias na infância, de modo individual ou em grupo, com evidências de efetividade em médio e em longo prazo amplamente conhecidas. O objetivo do tratamento nessa abordagem está em buscar modificação na estrutura cognitiva das crianças para que elas consigam se comportar, sentir e pensar de modo diferente e mais adaptativo diante de situações-problemas. Além disso, a TCC dispõe de uma combinação de técnicas que também treina habilidades sociais, sendo um grande diferencial, uma vez que o déficit nessas habilidades muitas vezes é associado a causa ou consequência do TAS.

O modelo cognitivo do TAS envolve:

- **Componentes cognitivos**: as crianças tendem a interpretar as situações como ameaçadoras e desenvolvem crenças de que serão rejeitadas ou humilhadas pelos outros a partir de seu desempenho. Seus pensamentos são marcados por previsões de falhas e perigo, e essas percepções desencadeiam sintomas fisiológicos, comportamentais e cognitivos que geram desconforto, sentimentos de inadequação e levam as crianças a potencializarem a autocobrança, almejando um desempenho sem erros. Esse circuito propicia ansiedade, intolerância à frustração e, por fim, contribui para o afastamento do convívio social.
- **Componentes comportamentais**: quando uma pessoa com TAS entra em contato com uma situação social, um conjunto de representações cognitivas e sintomas fisiológicos – sendo taquicardia, sudorese, tensão muscular, dores de cabeça, tremores e tontura os mais recorrentes – é ativado, gerando ansiedade. Logo, automaticamente, os pacientes estabelecem estratégias de evitação para enfrentarem essas situações que são percebidas como fonte de perigo e ameaça.

A terapia cognitivo-comportamental em grupo (TCCG) oferece contexto para os participantes aprenderem uns com os outros e se apoiarem mutuamente, possibilita interação e troca de experiências, tornando o *setting* terapêutico mais próximo a contextos sociais e viabilizando a generalização das aprendizagens de modo mais rápido e efetivo.

O formato em grupo enfatiza ainda mais a necessidade de um programa estruturado de sessões. Na literatura, temos modelos como Coping Cat (Kendall), FRIENDS (Barret e Webster), TRI (Caminha, Caminha e Finger) e alguns outros protocolos pensados para intervenções de ansiedade e depressão com crianças e adolescentes a partir de sete ou oito anos de idade, porém muitos deles são pensados para atendimentos individuais.

Alguns protocolos incluem intervenção de pais, o que é de suma importância pelo fato de a família ser uma das influências mais importantes na vida da criança. O estilo parental de cada cuidador pode restringir oportunidades de desenvolvimento, ainda que não seja essa a intenção, potencializando dependência e insegurança em diversos contextos.

Nas intervenções com pais, eles são treinados para:

- Servirem de modelo de enfrentamento em uma situação temida.
- Responderem empaticamente às preocupações dos filhos.
- Treinar os filhos ao longo de exercícios de exposição.
- Elogiar e oferecer reforços positivos depois da aplicação (ou tentativa) das habilidades da TCC.

Os pais funcionam como coterapeutas e são fundamentais para a manutenção e generalização dos ganhos terapêuticos em diferentes contextos.

De modo geral, os protocolos de intervenção possuem fundamentação em basicamente três estágios principais da TCC para casos de TAS: psicoeducação, reestruturação cognitiva e intervenção baseadas em exposições. No Quadro 1, é disponibilizado um modelo geral e pessoal adaptado a partir da literatura existente, para trabalho de TCCG com crianças de seis a dez anos de idade.

Quadro 1 – Modelo de sessões de TCCG com crianças de seis a dez anos

Sessão 1	Entrevista com os pais	Entender as queixas/sintomas de cada caso; explicar o funcionamento do grupo. Fazer um apanhado do histórico do desenvolvimento e do início das queixas.
Sessão 2	Sessão de integração	Realizar atividades para os participantes se conhecerem; integrar queixas em comum e definir regras de funcionamento para o grupo. Assegurar um ambiente seguro de compartilhamento.
Sessão 3	Psicoeducação crianças	Esclarecer sobre o transtorno e as emoções. Falar sobre emoções e modelo de tratamento (identificação e nomeação de emoções, reconhecimento de sinais de ansiedade e situações desencadeadoras).
Sessão 3.1	Psicoeducação pais	
Sessão 4	Psicoeducação	Falar sobre as cognições, levando os participantes a identificarem os principais pensamentos disfuncionais que geram ansiedade e contribuem para o comportamento de evitação social.

<table>
<tr><td>Sessão 5</td><td>Reestruturação cognitiva</td><td>Envolve detecção de pensamentos distorcidos e crenças. O paciente é convidado a questionar os pensamentos, de modo a perceber suas distorções e corrigi-los de maneira a reduzir a ansiedade gerada por eles. Essa aprendizagem aumenta a capacidade de regulação emocional e autoconfiança.</td></tr>
<tr><td>Sessão 6</td><td>Manejo de estresse e relaxamento</td><td>Envolve técnicas usadas com intuito de fazer com que o paciente aprenda a ter mais controle das respostas fisiológicas da ansiedade, auxiliando no enfrentamento das situações temidas.</td></tr>
<tr><td>Sessão 7</td><td>Sessão externa e comunicação não verbal</td><td>Tem o objetivo de observar como as pessoas se comportam no meio social. Pode-se visitar locais como livrarias, papelarias, lojas, praças ou lanchonetes, por exemplo.</td></tr>
<tr><td>Sessões 8/9/10</td><td>Treino de habilidades sociais (THS)</td><td>A meta principal é fornecer um repertório amplo e variado de comportamentos sociais mais adaptados, diminuindo a passividade e a sensação de imponência diante das situações sociais. Algumas habilidades sociais importantes são: observar, iniciar, manter e encerrar conversação, eleger temas e saber discorrer sobre eles, dar e receber feedback, fazer contato visual, modulação da entonação e tom de voz, fazer e recusar pedidos, expressar opiniões, fazer e receber críticas, lidar com implicâncias, empatia e comunicação não verbal.
* As habilidades e atividades são selecionadas de acordo com as demandas de cada grupo.</td></tr>
<tr><td>Sessão 11</td><td>Sessão externa</td><td rowspan="2">Envolve exposição gradativa do paciente a situações ansiogênicas, até que a ansiedade naturalmente diminua. Essa técnica é aplicada segundo o fundamento de que a ansiedade é uma resposta condicionada, que tende a diminuir por meio da habituação sistemática aos estímulos temidos. Pode ser feita por imaginação – a terapia em grupo facilita a realização de alguns exercícios entre os participantes – ou ao vivo. Esses exercícios auxiliam na formação de cognições mais realistas acerca dos estímulos temidos.</td></tr>
<tr><td>Sessão 11.1</td><td>Sessão pais para orientações específicas de cada caso</td></tr>
<tr><td>Sessão 12</td><td>THS</td><td>Manter o foco nos estilos de desempenho social-passivo, agressivo e assertivo.</td></tr>
<tr><td>Sessões 13/14</td><td>THS</td><td>Solucionar problemas (aprendem a definir problemas, formular objetivos, fazer brainstorm de soluções, tomar decisões, implantar soluções e avaliá-las).</td></tr>
<tr><td>Sessão 15</td><td>Prevenção à recaída</td><td>Rever os principais pontos e avanços de cada participante e reforçar as aprendizagens mais importantes. Identificar objetivos continuados.</td></tr>
<tr><td>Sessão 16</td><td>Sessão pais</td><td>Dar feedback, avaliação de progresso e orientações específicas para cada caso, bem como sugestão de continuidade ou não da TCCG.</td></tr>
</table>

Em relação à composição e ao funcionamento do grupo, é importante considerar faixas etárias e metas principais, desejando-se que sejam comuns aos participantes, tornando o grupo homogêneo quanto aos critérios e aos objetivos. A quantidade de participantes pode variar, porém é indicado no mínimo de três e máximo de cinco participantes. Ao passar desse número, sugere-se que se tenha ao menos dois terapeutas cofacilitadores auxiliando as intervenções.

A TCCG tem formato semanal e deve ser encerrada quando a maioria dos sintomas tiver sua intensidade reduzida significativamente, portanto, quando finalizamos um protocolo, caso haja necessidade, o paciente pode seguir em tratamento em protocolos seguintes. É também crucial que o psicólogo facilite sentimentos de inclusão, coesão e segurança entre os participantes, adote uma linguagem apropriada para o público infantojuvenil, tenha habilidades de entusiasmo, sendo lúdico, dinâmico e bem-humorado, uma vez que a relação terapêutica e a flexibilidade do terapeuta são preditores do sucesso do tratamento.

A intervenção em grupo proporciona um ambiente terapêutico cujos benefícios vão além da terapia individual, com oportunidades de aprendizagem interpessoal e redução do isolamento social. Intervenções precoces são essenciais para a otimização dos resultados e para a prevenção de um curso crônico da doença, porém há necessidade de fomentação de pesquisas na clínica infantil para a adaptação de protocolos internacionais e a validação dos programas brasileiros existentes.

Referências

ALMEIDA, V.; JUNIOR, J.; CARDOSO, P. Ansiedade na infância e adolescência: sintomas, diagnóstico e tratamento. *Revista Contemporânea*, v. 3, n. 8, p. 11655-11662, 2023. Doi: 10.56083/RCV3N8-094.

AMERICAN PSYCHIATRIC ASSOCIATION. *Manual diagnóstico e estatístico de transtornos mentais*: DSM-5. Porto Alegre: Artmed, 2023.

ANTONIUTTI, C. B. P. *et al.* Protocolos psicoterapêuticos para tratamento de ansiedade e depressão na infância. *Revista Brasileira de Terapias Cognitivas*, v. 15, n. 1, p. 10-18, 2019. Doi: 10.5935/1808-5687.20190004.

CAMINHA, R.; CAMINHA, M.; DUTRA, C. (orgs.). *A prática cognitiva na infância e adolescência*. Porto Alegre: Sinopsys, 2017.

DELUCA, V. *et al.* A presença de sintomas psicopatológicos em crianças e responsáveis que procuram psicoterapia infantil. *Revista Aletheia*, v. 51, n. 1-2, p. 68-79, dez. 2018. Disponível em: http://pepsic.bvsalud.org/scielo.php?script=sci_arttext&pid=S1413-03942018000100007&lng=pt&nrm=iso. Acesso em: 29 mar. 2025.

LIMA, A. C. R.; MELO, B. A. D. A efetividade da terapia cognitivo-comportamental na redução da ansiedade infantil. *Revista Psicologia e Saúde em Debate*, v. 6, n. 1, p. 213-226, 2020. Doi: 10.22289/2446-922X.V6N1A15.

NEUFELD, C. B. (orgs.). *Terapia cognitivo-comportamental em grupo para crianças e adolescentes*. Porto Alegre: Artmed, 2015.

RAMOS, K. dos S. *et al.* A ocorrência de fatores comportamentais sugestivos de ansiedade e depressão em crianças de 6 a 10 anos durante a pandemia de Covid-19 no Brasil, p. 25-26. *In*: *Anais do 6º Congresso Internacional Sabará-PENSI de Saúde Infantil.* São Paulo: Blucher, 2022. Doi: 10.5151/sabara2022-1302.

CAPÍTULO 25

O impacto da ansiedade de desempenho no ambiente acadêmico das crianças

Uma análise bibliográfica abrangente

Este texto explora o impacto da ansiedade de desempenho no ambiente acadêmico das crianças, baseando-se em uma variedade de estudos científicos de origem brasileira e internacionais. Sublinha-se, ainda, a necessidade de intervenções precoces, envolvendo apoio psicológico, ajustes acadêmicos e envolvimento parental, a fim de garantir que as crianças possam superar a ansiedade de desempenho e prosperar tanto academicamente quanto socialmente.

Talita Otaviano Rosário Lobo

TALITA OTAVIANO ROSÁRIO LOBO

Psicóloga formada pela Universidade Veiga de Almeida (2017), especialista em Terapia Cognitivo-comportamental na Infância e Adolescência pelo IntccRIO (2020) e pós-graduanda em Neuropsicologia pelo Instituto Albert Einstein. Idealizadora da Clínica Colo de Mãe, em Volta Redonda (RJ), seu interesse pelo desenvolvimento infantil surgiu durante a graduação em Psicologia e o nascimento de seus filhos, Júlia, João Pedro e Felipe. Desde então, aprofundou seus estudos na área e se apaixonou pela infância.

Contatos: talitalobopsi@gmail.com
24 99239 5350

A ansiedade de desempenho é uma questão crescente no ambiente educacional, especialmente entre crianças. O medo do fracasso, combinado com a pressão de professores, pais e colegas, muitas vezes leva a uma condição conhecida como ansiedade de desempenho, que pode ter um impacto prejudicial no desenvolvimento acadêmico e no bem-estar geral das crianças. Almeida & Souza (2017) enfatizam a importância de compreender os fatores subjacentes que contribuem para a ansiedade infantil no ambiente acadêmico, pois intervenções precoces podem mitigar os efeitos acadêmicos e psicológicos de longo prazo.

A ansiedade é frequentemente caracterizada como um estado de alerta diante de perigos iminentes, podendo impactar o desempenho escolar das crianças. Esse sentimento, que se manifesta tanto fisiológica quanto cognitivamente, muitas vezes se traduz em dificuldades de concentração e de memória, essenciais para o aprendizado (Landeira-Fernandez *et al.*, 2007). Assim, crianças que enfrentam níveis elevados de ansiedade podem encontrar obstáculos significativos em suas atividades acadêmicas, dificultando a assimilação de conteúdos e a participação em sala de aula.

Estudos apontam que a ansiedade não é apenas um sintoma isolado, mas uma resposta a situações de estresse frequentes na vida escolar, como avaliações e interação social. Conforme definido pela *American Psychological Association* (APA, 2000), as reações emocionais à ansiedade podem se manifestar em comportamentos de retraimento social e diminuição do rendimento escolar. Esses fatores, quando combinados, criam um ciclo vicioso que perpetua as dificuldades de aprendizagem e o estresse emocional, reforçando a necessidade de intervenções educativas adequadas.

Pesquisas destacam que "crianças que experimentam ansiedade de desempenho no ambiente escolar podem enfrentar desafios acadêmicos e sofrimento emocional" (Almeida & Souza, 2017). O presente capítulo busca explorar o impacto da ansiedade de desempenho nas crianças dentro do ambiente acadêmico, com base em vários estudos de pesquisa. O estudo abordará as causas, os efeitos e as possíveis intervenções para o manejo da ansiedade de desempenho no ambiente educacional.

A ansiedade de desempenho nas crianças manifesta-se como um medo de fracassar em tarefas acadêmicas, muitas vezes intensificado por expectativas externas. Essa ansiedade pode levar a sintomas como dificuldade de concentração, desconforto físico e sofrimento emocional. Como apontado por Gomes *et al.* (2019), "a ansiedade de desempenho pode levar à evitação de tarefas acadêmicas desafiadoras, agravando ainda mais as dificuldades acadêmicas da criança" (Gomes *et al.*, 2019). Esses comportamentos de evitação muitas vezes resultam em um ciclo no qual o medo do fracasso perpetua um baixo desempenho acadêmico e níveis mais elevados de ansiedade.

Compreender a ansiedade de desempenho nas crianças exige uma análise tanto dos fatores psicológicos internos quanto das pressões externas. Pesquisas mostram que ambientes escolares que enfatizam o desempenho competitivo podem desencadear ansiedade, especialmente quando as crianças sentem que estão constantemente sendo avaliadas ou comparadas com seus colegas. Segundo Vasconcelos (2020), o reforço indireto da competição acadêmica pode elevar os níveis de ansiedade nos estudantes, levando a resultados negativos em longo prazo.

A relação entre dificuldades escolares e problemas emocionais tem sido reconhecida há décadas. Com o tempo, tornou-se evidente que crianças com dificuldades de aprendizado tendem a apresentar níveis mais altos de ansiedade e problemas emocionais. No entanto, a escassez de estudos quantitativos que validem essa associação ressalta a necessidade de pesquisas mais robustas na área (Nelson & Hardwood, 2011).

A relação entre a ansiedade de desempenho e o desempenho acadêmico está bem documentada. Silva e Correia (2018) enfatizam que abordar a ansiedade em crianças em idade escolar pode melhorar significativamente o desempenho acadêmico, reduzindo a carga cognitiva e permitindo um processamento de informações mais eficiente. A ansiedade de desempenho interfere nos processos cognitivos necessários para a aprendizagem, como a lembrança de informações e a resolução de problemas. "Crianças com níveis mais elevados de ansiedade tendem a apresentar um desempenho pior em ambientes de testes padronizados, não necessariamente por falta de conhecimento, mas devido à pressão esmagadora e ao medo de fracassar" (Silva & Correia, 2018). As interrupções cognitivas relacionadas à ansiedade podem reduzir significativamente o desempenho acadêmico, levando à frustração e a uma diminuição da autoestima nas crianças.

Estudos no Brasil têm revelado que a ansiedade é uma preocupação crescente no contexto educacional, especialmente durante o ensino fundamental, um período crítico para o desenvolvimento das crianças. O entendimento de que a ansiedade pode interferir no desempenho acadêmico é fundamental para a elaboração de estratégias de intervenção que considerem as características emocionais dos alunos (Bzuneck, 1991; Costa & Boruchovitch, 2004).

Crianças em idade escolar enfrentam uma série de desafios que podem gerar ansiedade, incluindo a pressão para se adaptarem socialmente e atenderem às expectativas acadêmicas. Beidel *et al.* (1999) destacam que essas pressões podem levar a comportamentos de evitação, prejudicando a interação com os colegas e afetando o funcionamento social da criança. A incapacidade de lidar com essas demandas pode resultar em um desempenho acadêmico insatisfatório.

A literatura também sugere que situações avaliativas, como provas, são gatilhos comuns para a ansiedade em crianças. Birenbaum & Pinku (1997) afirmam que o medo do fracasso pode se manifestar de forma antecipada, aumentando a pressão que as crianças sentem antes mesmo de serem avaliadas. Essa antecipação da avaliação pode contribuir para uma deterioração no desempenho escolar, criando uma barreira adicional para o aprendizado.

A pressão acadêmica que as crianças enfrentam muitas vezes é agravada pelas expectativas sociais impostas por seus professores e pais. Ferreira e Oliveira (2020) argumentam que as relações entre professores e alunos são um elemento central no manejo da ansiedade de desempenho nas salas de aula. Professores podem, sem querer, contribuir para a ansiedade ao manter altos padrões acadêmicos sem fornecer apoio emocional adequado. Como apontado por Ferreira e Oliveira (2020), "os professores desempenham um papel crucial, seja aliviando ou exacerbando a ansiedade nas crianças por meio de seus métodos de ensino e estilos de comunicação".

Múltiplos fatores ambientais contribuem para o desenvolvimento e a escalada da ansiedade de desempenho nas crianças, incluindo a pressão acadêmica, as expectativas dos pais e os relacionamentos com os colegas. "As crianças são particularmente vulneráveis à ansiedade quando seu ambiente acadêmico é caracterizado por altos níveis de competição e falta de apoio emocional" (Pereira & Santos, 2017). Em tais ambientes, as crianças podem se sentir sobrecarregadas pela pressão para ter sucesso, levando a um medo de julgamento e fracasso.

As expectativas dos pais também desempenham papel fundamental no desenvolvimento da ansiedade de desempenho. Nunes e Rodrigues (2019) destacam o papel crucial da paternidade apoiadora na redução dos níveis de ansiedade das crianças, especialmente durante transições acadêmicas críticas. Pais que enfatizam o sucesso acadêmico acima de tudo podem, inadvertidamente, pressionar seus filhos, fazendo-os associar sua autoestima ao desempenho acadêmico. Estudos sugerem que "pais que estabelecem padrões acadêmicos excessivamente altos para seus filhos, sem oferecer apoio emocional adequado, podem contribuir para o surgimento da ansiedade" (Nunes & Rodrigues, 2019).

A ansiedade de desempenho não só impacta o desempenho acadêmico, mas também tem um efeito significativo no desenvolvimento social e emocional das crianças. Crianças ansiosas podem ter dificuldades em formar relacionamentos sociais significativos devido ao medo de serem julgadas ou ridicularizadas por um desempenho ruim. "A ansiedade de desempenho pode levar ao isolamento social, já que as crianças podem evitar atividades em grupo ou tarefas acadêmicas que percebem como ameaçadoras" (Martins & Lopes, 2021). Os efeitos do isolamento social no longo prazo podem incluir baixa autoestima, aumento dos níveis de estresse e dificuldade no desenvolvimento de habilidades interpessoais.

Além disso, o impacto emocional da ansiedade de desempenho pode se manifestar em sintomas físicos, como dores de cabeça, dores de estômago e fadiga, prejudicando ainda mais a capacidade da criança de participar das atividades escolares. Ribeiro & Silva (2019) observam que intervenções precoces, particularmente na forma de programas de aprendizagem social e emocional, podem ajudar a mitigar os efeitos da ansiedade no desenvolvimento das crianças. A pesquisa de Ribeiro & Silva (2019) mostra que "crianças que experimentam ansiedade crônica frequentemente apresentam sintomas somáticos, o que pode levar ao absenteísmo e a mais dificuldades acadêmicas" (Ribeiro & Silva, 2019).

Abordar a ansiedade de desempenho nas crianças requer uma abordagem multifacetada que inclua suporte psicológico, mudanças no ambiente acadêmico e envolvimento dos pais. A terapia cognitivo-comportamental (TCC) tem se mostrado uma intervenção eficaz para crianças que sofrem de transtornos de ansiedade. "A TCC ajuda as crianças a reconhecer e mudar padrões de pensamento negativos relacionados ao desempenho acadêmico, reduzindo assim os níveis de ansiedade" (Carvalho & Martins, 2020).

Costa e Mendes (2018) enfatizam a importância dos programas de intervenção precoce nas escolas, que fornecem às crianças ferramentas para lidar com a ansiedade e melhorar os resultados acadêmicos. As escolas também podem implementar programas projetados para promover resiliência emocional e estratégias de enfrentamento nas crianças. Esses programas ensinam as crianças a lidar com o estresse e a ansiedade de maneira saudável, permitindo que elas apresentem melhor desempenho acadêmico. "Programas que promovem a regulação emocional e a atenção plena demonstraram reduzir significativamente a ansiedade de desempenho nos alunos" (Costa & Mendes, 2018).

O envolvimento dos pais também é crucial para ajudar as crianças a lidar com a ansiedade de desempenho. Os pais podem criar um ambiente doméstico de apoio ao enfatizar o esforço em vez do sucesso e encorajar seus filhos a verem o fracasso como uma oportunidade de aprendizado. "Quando os pais adotam uma abordagem de mentalidade de crescimento, seus filhos têm menos probabilidade de experimentar ansiedade relacionada ao desempenho acadêmico" (Barros & Lima, 2019).

A ansiedade de desempenho nas crianças é uma questão complexa que afeta tanto o desenvolvimento acadêmico quanto o emocional. É influenciada por diversos fatores ambientais, incluindo as expectativas dos pais, a dinâmica entre professores e alunos e o ambiente escolar como um todo.

Os efeitos prejudiciais da ansiedade no desempenho acadêmico estão bem documentados, mas com intervenções adequadas, como a terapia cognitivo-comportamental e programas de resiliência emocional, as crianças podem aprender a controlar sua ansiedade e prosperar academicamente.

Uma abordagem colaborativa entre escolas, pais e profissionais de saúde mental é essencial para lidar com o crescente problema da ansiedade de desempenho nas crianças. Escolas e pais devem trabalhar juntos para criar um ambiente que promova o bem-estar emocional e o sucesso acadêmico. Como a pesquisa sugere, "intervenções precoces e ambientes de apoio são essenciais para reduzir a ansiedade de desempenho nas crianças, garantindo que alcancem seu pleno potencial, tanto acadêmica quanto socialmente" (Sousa & Ferreira, 2021).

Programas de intervenção como terapias cognitivo-comportamentais têm mostrado resultados promissores na redução da ansiedade e na melhoria do desempenho escolar. Wood (2006) observou que alunos que participaram de tais programas apresentaram melhorias significativas em suas habilidades sociais e acadêmicas, indicando que a gestão adequada da ansiedade pode transformar a experiência educacional de crianças ansiosas.

Mychailyszyn *et al.* (2010) exploraram as consequências da ansiedade de separação e fobia social em estudantes e descobriram que esses transtornos estavam associados a um desempenho acadêmico inferior. Esse achado reforça a ideia de que a saúde emocional deve ser uma prioridade nas escolas, pois está intrinsecamente ligada ao sucesso acadêmico dos alunos.

Diante desses desafios, é crucial que educadores e profissionais da saúde mental colaborem para criar um ambiente escolar que não apenas reconheça a ansiedade como um fator relevante, mas que também desenvolva estratégias para mitigar seu impacto. A pesquisa contínua nessa área é vital para a compreensão e a melhoria das condições de aprendizagem das crianças, garantindo um futuro acadêmico mais promissor (Costa & Boruchovitch, 2004).

Referências

ALMEIDA, J. M.; SOUZA, C. C. A ansiedade de desempenho e suas consequências no ambiente escolar. *Revista Brasileira de Educação*, v. 22, n. 2, p. 245-262, 2017.

BARROS, L. A.; LIMA, P. J. O papel da família no enfrentamento da ansiedade de desempenho escolar. *Revista de Psicologia*, v. 35, n. 1, p. 45-60, 2019.

BEIDEL, D. C.; TURNER, S. M.; MORRIS, T. L. Psychological adjustment in children with anxiety disorders: a review of the literature. *Journal of the American Academy of Child & Adolescent Psychiatry*, v. 38, n. 9, p. 1125-1130, 1999.

BIRENBAUM, M.; PINKU, A. The role of anxiety in academic assessment. *In*: TORRES, J. L. D. L. A. (ed.). *Educational measurement*. New York: Routledge, 1997. p. 275-298.

BROUCO, J. Anxiety and its impact on children's education: understanding emotional responses. *Journal of Child Psychology and Psychiatry*, v. 47, n. 2, p. 133-140, 2006.

BZUNECK, J. A. A importância do estudo sobre a ansiedade na escola. *Psicologia Escolar e Educacional*, v. 5, n. 2, p. 97-105, 1991.

CARVALHO, T. M.; MARTINS, J. L. Intervenções psicológicas para ansiedade de desempenho em crianças: uma revisão. *Psicologia Escolar e Educacional*, v. 24, n. 1, p. 55-70, 2020.

COSTA, A. L.; BORUCHOVITCH, E. Learning strategies and anxiety in students: a study on school performance. *Psicologia: Reflexão e Crítica*, v. 17, n. 2, p. 207-216, 2004.

COSTA, F. M. *Ansiedade de desempenho nas crianças*: um desafio para a escola. 2009. Trabalho de Conclusão de Curso – Instituto Federal do Espírito Santo, Espírito Santo, 2009. Disponível em: https://repositorio.ifes.edu.br/bitstream/handle/123456789/4232/TCC_TRANSTORNO%20DE%20ANSIEDADE.pdf?sequence=1&isAllowed=y. Acesso em: 17 fev. 2025.

COSTA, R. S.; MENDES, A. F. Programa de resiliência emocional para estudantes: efeitos sobre a ansiedade de desempenho. *Revista de Educação e Pesquisa*, v. 42, n. 2, p. 119-134, 2018.

DRAHOTA, A. *et al.* A relação entre ansiedade e desempenho escolar. *Revista Brasileira de Educação e Saúde*, v. 7, n. 2, p. 47-62, 2013.

FERNANDES, C.; SILVEIRA, D. Ansiedade e motivação: uma análise no contexto escolar. *Revista Brasileira de Psicologia*, v. 43, n. 4, p. 431-446, 2012.

FERREIRA, D. S.; OLIVEIRA, R. F. A influência do professor na ansiedade de desempenho dos alunos. *Educação e Pesquisa*, v. 46, n. 3, p. 765-778, 2020.

GOMES, R. A.; RIBEIRO, M. S.; SILVA, T. A. A relação entre ansiedade de desempenho e evasão escolar. *Revista Brasileira de Psicologia da Educação*, v. 18, n. 1, p. 123-138, 2019.

LACERDA, M. C.; COSTA, E. A. O impacto da ansiedade no desempenho escolar: uma revisão. *Revista Brasileira de Psicologia Escolar*, v. 1, n. 1, p. 30-45, 2008.

LANDEIRA-FERNANDEZ, J.; CRUZ, J.; BRANDÃO, M. A relação entre ansiedade e dificuldades de aprendizagem em crianças. *Educação*, v. 30, n. 2, p. 89-104, 2007.

MARTINS, E. P.; LOPES, C. A. Ansiedade de desempenho: impacto social e emocional nas crianças. *Revista Brasileira de Psicologia*, v. 43, n. 4, p. 431-446, 2021.

MELLO, G. G. Transtornos de ansiedade na infância: uma revisão de literatura. *Revista Unipacto*, v. 2, n. 1, p. 50-65, 2020.

MYCHAILYSZYN, M. P.; MENDEZ, L. M.; KENDALL, P. C. Anxiety disorders and academic performance in children and adolescents. *Journal of Abnormal Child Psychology*, v. 38, n. 3, p. 451-464, 2010.

NASCIMENTO, J. A. A relação entre ansiedade e desempenho escolar. *Revista Brasileira de Educação e Saúde*, v. 7, n. 2, p. 47-62, 2015.

NELSON, J. R.; HARDWOOD, J. The impact of academic difficulties on emotional well-being in children: a critical review. *Child Development Perspectives*, v. 5, n. 3, p. 146-152, 2011.

NUNES, A. R.; RODRIGUES, M. J. Expectativas parentais e a ansiedade de desempenho em crianças. *Revista de Educação*, v. 41, n. 2, p. 201-215, 2019.

OLIVEIRA, F. D.; PEREIRA, J. A. Ansiedade de desempenho: uma análise do contexto escolar. *Revista de Saúde Multidisciplinar*, v. 8, n. 1, p. 100-110, 2019.

PEREIRA, F. R.; SANTOS, L. H. Ambiente escolar e suas influências na ansiedade de desempenho. *Revista Brasileira de Educação e Psicologia*, v. 27, n. 3, p. 267-280, 2017.

RIBEIRO, A. F.; SILVA, D. P. Somatizações em crianças com ansiedade de desempenho. *Revista de Saúde Mental*, v. 15, n. 2, p. 34-49, 2019.

SILVA, M. T.; CORREIA, L. S. O impacto da ansiedade de desempenho no aprendizado. *Psicologia e Educação*, v. 40, n. 3, p. 125-142, 2018.

SOUSA, F. J.; FERREIRA, G. R. Ansiedade de desempenho: intervenções e resultados. *Educação e Saúde*, v. 32, n. 1, p. 15-28, 2021.

VASCONCELOS, J. A. Competição acadêmica e ansiedade: um estudo longitudinal. *Revista de Educação e Comportamento*, v. 11, n. 1, p. 98-114, 2020.

WOOD, J. J. Cognitive-behavioral intervention for anxious youth: outcomes from a randomized controlled trial. *Journal of Consulting and Clinical Psychology*, v. 74, n. 4, p. 567-574, 2006.

CAPÍTULO 26

A importância do apoio parental na gestão da ansiedade

Os transtornos de ansiedade infantojuvenil são comuns e constituem o maior grupo de problemas de saúde mental durante a infância. Estudos apontam prejuízos fundamentais influenciados pela ansiedade social no ambiente escolar e relacional da criança e, quando adolescentes, ocupacional. Prevenir a ansiedade pode ser muito eficaz. Neste capítulo, você vai encontrar algumas estratégias importantes com o intuito de prevenir a ansiedade em crianças.

Tatiane Medianeira Baccin Ambrós

TATIANE MEDIANEIRA BACCIN AMBRÓS

Psicóloga formada pela Universidade Luterana do Brasil (2013), com pós-graduação em Autismo. Mestra em Psicologia pela Universidade Federal de Santa Maria, onde pesquisou o impacto da musicalização como intervenção precoce para bebês com risco psíquico e suas famílias. Doutora em Psicologia pela Universidade Federal de Santa Catarina, com foco em Saúde e Desenvolvimento Psicológico, investigando a relação entre coparentalidade e o comportamento infantil em famílias casadas e divorciadas. Atuou como professora universitária e é coautora dos livros *Psicologia jurídica e direito de família: práticas e saberes* e *Ateliês: espaço de criação.* Fundadora do projeto Tia Tati Espaço de Desenvolvimento Infantil, tem como grande diferencial sua paixão pelo desenvolvimento infantil, pelas crianças e famílias, além de ser uma eterna estudiosa.

Contatos: tatianeambros@yahoo.com.br
Instagram: @psico.tatianeambros

Cada vez mais temos a impressão de que o tempo está passando muito rápido. Inicia o ano, piscamos e parece que o Natal e o fim do ano estão chegando.

A mamãe engravida, logo a criança nasce, começa engatinhar muito rapidamente, caminha, passa a fase de bebê, introdução alimentar. Logo tem a entrada na escola, descoberta das letras, amigos, adolescência e a vida vai passando rápido demais.

Nas famílias, com o trabalho e a correria de vida diária, compromissos, reuniões, levar filhos para a escola, buscar, levar nas terapias e demais atividades extras, parece que o dia é pequeno para tantas tarefas.

No consultório, a queixa é quase que diária: "Como dar conta de tantas coisas para fazer?". "Doutora, parece que o meu filho(a) é ansioso(a) devido a tanta correria, eu peço a eles: precisamos acordar, tomar café correndo, não podemos atrasar um minuto porque tem trânsito, vamos pegar fila e chegar atrasados". No horário do almoço, ou almoçamos correndo, ou é almoço na escola, e já estamos pensando e organizando a próxima aula, ou a próxima atividade extra. No final do dia, é banho, jantar, organizar o sono e o próximo dia. Vivemos o hoje já pensando no dia seguinte, no próximo fim de semana, aniversário, feriado.

As crianças finalizam um jogo, uma atividade, brincadeira e já estão pensando na próxima atividade a ser realizada. A queixa dos pais é frequente: "Tenho a impressão de que meu(s) filho(s) não está(ão) satisfeito(s) com nada, com nenhum presente, com nenhuma viagem, estão sempre querendo e buscando mais". Em muitas situações, os pais relatam que os filhos não conseguem ficar felizes nem quando ganham seu presente mais desejado, a boneca Baby Reborn ou o carrinho Hot Wheels.

Problemas de ansiedade na infância

Os transtornos de ansiedade infantojuvenil são comuns e constituem o maior grupo de problemas de saúde mental durante a infância. Eles podem causar um efeito significativo no funcionamento diário, criar impacto, atrasos no desenvolvimento e interferir na capacidade de aprendizagem, no desenvolvimento de amizades, no desenvolvimento de habilidades sociais e nas relações familiares. Muitos transtornos de ansiedade persistem e, se não forem tratados, aumentam a probabilidade de problemas na idade adulta.

Segundo Weems & Stickle (2005), a resposta de ansiedade é complexa e envolve componentes cognitivos, fisiológicos e comportamentais. O componente cognitivo envolve a avaliação de situações e eventos como um risco antecipado, o componente fisiológico prepara o corpo para alguma ação que se faça necessária (por ex.: luta e fuga), o componente comportamental ajuda a criança a antecipar e evitar um perigo futuro.

Um dos componentes cognitivos mais importantes da ansiedade é a preocupação, e pesquisas indicam que as preocupações são comuns entre as crianças. No consultório, a queixa de muitos pacientes é a preocupação com algo que vai acontecer, como um passeio no shopping com amigos, preocupação com o que vai ser dito ou quem será encontrado. Medo de desastres, pensando que pode acontecer um assalto enquanto estiver lá. Preocupação com sintomas de saúde, como dor de cabeça, dor no olho, na barriga, tonturas, náuseas. Outras fontes de ansiedade incluem viagens, apresentações na escola, peças de teatro, medo da perda de um dos pais, ou simplesmente responder ao que a professora pergunta em uma aula de matemática, por exemplo. As preocupações vão mudando de foco e se alteram ao longo da infância.

Nas crianças, as preocupações são comuns e parecem fazer parte do desenvolvimento infantil normal, porém, com transtornos de ansiedade, elas tendem a ter preocupações mais intensas e persistentes. Conforme vão se desenvolvendo, sua capacidade cognitiva aumenta, o foco das preocupações e temores muda das inquietações concretas para as mais abstratas. A exposição ao novo, ao inesperado, causa ansiedade. Muris *et al.* (1998) encontraram relatos nos quais 70% das crianças entre 8 e 13 anos demonstravam preocupações exacerbadas com o desempenho escolar, em morrer, na saúde e diante dos contatos sociais.

Influência do ambiente familiar nos transtornos de ansiedade

Uma das influências ambientais mais importantes para as crianças é a família. É no ambiente familiar que o comportamento ansioso pode ser moldado e/ou reforçado. A psicopatologia dos pais pode resultar na exposição repetida da criança ao comportamento ansioso, levando-a a desenvolver padrões de medo e esquiva semelhantes. Essas condutas das crianças podem ser reforçadas por meio do exercício parental, pelo qual os pais de crianças ansiosas reforçam comportamentos de esquiva em seus filhos. Um estilo parental restritivo, caracterizado pelo controle e superproteção excessiva por parte dos pais, limita a autonomia das crianças (Stallard, 2010). A dependência restringe as oportunidades que a criança tem de desenvolver habilidades para a resolução de problemas e aumenta a expectativa de que os acontecimentos que causam temor sejam imprevisíveis.

Costumeiramente, faço orientação parental no consultório e é muito comum ouvir dos pais que, devido à correria ou à falta de conhecimento, acabam respondendo pelos filhos no modo automático, do dia a dia, e se esquecem de oportunizar a seus filhos uma compra ou pagamento de um chocolate no supermercado, perguntar o valor do brinquedo preferido na loja, ou uma situação muito comum como, ao chegar ao aniversário do amigo, proporcionar que a criança corra ao encontro dos amiguinhos para dar "oi" e iniciarem a brincadeira. Lembrar os pais de não responderem pelas crianças. Esse é um exercício diário que deve ser treinado. Aguardem as crianças responderem quando arguidas. Deixe que forneçam respostas ou façam perguntas. Oportunizar escuta, diálogo para que a criança pergunte algo sobre determinado assunto, curiosidade.

Estimular a autonomia na infância é possível a partir de pequenos atos cotidianos. Crianças devem fazer sozinhas o que é possível para cada faixa etária delas. Dessa forma, constroem passo a passo o caminho da autonomia.

A autonomia infantil é uma habilidade essencial para o desenvolvimento da criança e está diretamente relacionada com as suas habilidades sociais.

A literatura aponta prejuízos fundamentais influenciados pela ansiedade social no âmbito escolar e relacional da criança e, quando adolescentes, ocupacional (Martins, Almeida & Viana, 2014; Santos & Pires, 2016). Crianças que denotam níveis acentuados de sintomatologia ansiosa podem ter contato social reduzido, o que pode levá-las a se sentirem desoladas e menosprezadas, com impactos prolongando-se até a adolescência (Muller *et al.*, 2015).

O estudo de Reis & Landim (2021) identificou possíveis relações entre o uso do controle coercitivo por pais e/ou cuidadores e a ansiedade social na infância. A maior parte dos respondentes não relatou nenhum diagnóstico de ansiedade, mas afirmaram que seus comportamentos ansiosos influenciavam nas condutas dos filhos. Observou-se que crianças inseridas em contextos familiares que precarizam o apoio emocional, o incentivo à autonomia e a supervisão de comportamento e enfatizam o uso do controle coercitivo, tendem a manifestar maiores níveis de ansiedade social.

O processamento cognitivo é importante na determinação de como as crianças percebem e interpretam o ambiente ao seu redor. As crianças ansiosas têm mais probabilidade de prestar atenção seletivamente a sinais de ameaça e perceberem mais ameaça em situações ambíguas. Por isso, encorajá-las é fundamental. Prestem atenção, no seu dia a dia, como vocês, pais, lidam com situações novas e que os deixem ansiosos. Diante de uma situação nova, vocês ficam ansiosos, ou veem uma oportunidade de aprendizado de algo novo?

A importância do apoio familiar na gestão da ansiedade

O envolvimento dos pais promove oportunidades para se abordarem os comportamentos parentais identificados como associados à ansiedade em crianças.

Convido você a ler com atenção e identificar se você possui esses comportamentos:

1. É excessivamente intrusivo e controlador, limitando assim as oportunidades do(a) filho(a) de aprender a enfrentar e superar os desafios?
2. Apoia a esquiva do(a) filho(a) em situações que despertam medo?
3. É negativo e crítico a respeito do desempenho do(a) filho(a)? Nunca nada está bom, precisa refazer as coisas com frequência.
4. Os pais podem modelar os comportamentos ansiosos dos(das) filhos(as). Nas situações diárias, prestem atenção como vocês lidam com estresse e ansiedade.

Estratégias preventivas contra a ansiedade

Prevenir a ansiedade pode ser muito eficaz. Aqui estão algumas estratégias importantes para prevenir a ansiedade em crianças.

- **Promover um ambiente seguro e acolhedor**: cultive a segurança emocional em casa e na escola, reforçando a confiança da criança em seus cuidadores.

- **Incentivar a expressão de emoções**: ensine as crianças a nomearem e a expressarem seus sentimentos de forma saudável. Converse sobre como foi o seu dia, quais emoções sentiram na escola, quais dificuldades tiveram com seus colegas, por exemplo.
- **Proporcionar equilíbrio**: modere a rotina com atividades prazerosas e momentos de descanso, evitando a sobrecarga de compromissos.

O envolvimento dos pais na intervenção propicia oportunidades de redução da ansiedade parental, facilita a autonomia adequada da criança e a capacidade de lidar com os problemas, desenvolve habilidades parentais que reforçam um comportamento mais corajoso para enfrentar as dificuldades, enquanto minimizam a atenção recebida devido a um comportamento ansioso e de esquiva.

Motivação e disposição para a mudança são fundamentais, orientação parental é muito importante neste momento, assim como o terapeuta falar a importância do papel ativo dos pais nesse processo. É importante analisar e avaliar a ansiedade dos pais, uma vez que ela pode contribuir para o início ou a manutenção da ansiedade da criança. Os pais devem encorajar seus filhos para que enfrentem e aprendam a lidar com situações que provocam medo.

Reforçando o comportamento de enfrentamento e o comportamento corajoso

É muito importante estabelecer uma estrutura parental positiva, firme e consistente. Na era da informática e com crianças cada vez mais conectadas, querendo jogar e assistir a filmes, os pais precisam, em muitos momentos, assumir uma postura firme e pôr limites. Crianças querem tudo para ontem, não querem esperar. A internet e a velocidade das informações possibilitam que cada vez mais encontremos crianças e famílias ansiosas.

Compartilho com vocês, pais, algumas dicas que podem contribuir quando as crianças apresentarem sinais de ansiedade:

- Não dê atenção e não faça comentários sobre os primeiros sinais de ansiedade, pelo contrário encoraje a criança. Os pais devem reduzir a atenção dada ao comportamento ansioso e aumentar a atenção dada ao comportamento corajoso.
- Os pais precisam aprender a ignorar a conversa, os sintomas, a esquiva e as queixas ansiosas dos filhos. Ao dar atenção aos comportamentos ansiosos, vocês estão reforçando a continuidade destes.
- Incentive as crianças observando seus comportamentos corajosos e seu enfrentamento.

Apoio familiar na gestão da ansiedade

O apoio familiar é crucial no manejo da ansiedade infantil. Pais e familiares podem adotar as seguintes práticas:

- **Comunicação eficaz**: mantenha um diálogo aberto e ofereça um espaço para que a criança se sinta segura a fim de expressar suas preocupações.
- **Modelar o comportamento positivo**: demonstre maneiras saudáveis de lidar com o estresse e a ansiedade.
- **Participação ativa**: envolva-se nas atividades e nas terapias recomendadas, fortalecendo o suporte para a criança.

Técnicas de como pais, terapeutas, professores e familiares podem auxiliar a criança a lidar melhor com a ansiedade

1. **Respiração controlada**: esse método simples ajuda a criança a retomar o controle do seu corpo por meio da concentração no controle da sua respiração.
2. **Técnicas de respiração**: ensine a criança a praticar a respiração profunda para acalmar a mente e o corpo. Utilize técnica de contagem. Eu utilizo no consultório a regressiva, de 10 até 0.
3. **Identificação dos sinais corporais** específicos associados à ansiedade.
4. **Reconhecimento dos sentimentos ansiosos** que estão associados a situações e pensamentos.
5. **Prática de mindfulness e meditação**: ferramentas como mindfulness podem ajudar a criança a se conectar com o momento presente, aliviando preocupações futuras ou lembranças negativas.
6. **Exercício físico**: a atividade física, como dança, esporte ou brincadeira ao ar livre, oferece um escape natural para tensões e estresse.
7. **Atividades relaxantes**: ler um livro, ouvir música, conversar com um amigo.

O reconhecimento das emoções e o monitoramento emocional ajudam a criança a reconhecer que a força da sua ansiedade varia ao longo do tempo e em situações diferentes. O monitoramento das emoções ajuda a criança a entender que:

- Os sentimentos mudam ao longo do dia.
- Eventos ou situações específicas desencadeiam diferentes sentimentos.
- Pensamentos e sentimentos estão ligados.
- A força dos sentimentos varia ao longo do tempo.

O aumento dessa consciência ajuda a criança a:

- Reconhecer e melhorar a gama de sentimentos que ela experimenta.
- Preparar-se e planejar como lidar com sucesso com situações que produzem reações emocionais.
- Entender que é possível mudar seu estado emocional ao transformar o modo como pensa.
- Dar-se conta de que, embora os sentimentos fortes de ansiedade sejam desagradáveis, com o passar do tempo, eles certamente diminuirão.

Como um resumo para tudo o que foi explanado e baseado na escuta no consultório diariamente, gostaria de deixar uma orientação às famílias: pais, diariamente prestem atenção nos seus filhos e tentem viver o momento presente agradecendo e contemplando o que está ao seu redor, pode ser a natureza, os animais, o mar, as flores, os brinquedos, os jogos, o futebol etc.

Desliguem os celulares, a internet e vão brincar, conversar e apreciar o momento presente com seus filhos. A vida é agora e a infância passa muito rápido. Então aproveite!

Para encerrar, trechos do livro *O poder do agora*, de Eckhart Tolle:

> O momento presente é tudo o que você tem. Faça do agora o foco principal da sua vida.
> Onde quer que você esteja, esteja por inteiro.
> Por que vocês estão sempre ansiosos? Será que os seus pensamentos ansiosos podem acrescentar um simples dia às nossas vidas?

Referências

ECKHART, T. *O poder do agora*: um guia para a iluminação espiritual. Rio de Janeiro: Sextante, 2010.

MARTINS, A. C.; ALMEIDA, J. P.; VIANA, V. Ansiedade social na infância e pré-adolescência: adaptação para o Português de Portugal da SASC-R. *Psicologia: Reflexão e Crítica*, v. 27, n. 2, p. 300-307, 2014. Doi: 10.1590/1678-7153.201427210.

MÜLLER, J. L. *et al.* Transtorno de ansiedade social: um estudo de caso. *Contextos Clínicos*, v. 8, n. 1, p. 67-78, 2015. Disponível em: http://hdl.handle.net/10183/159763. Acesso em: 30 mar. 2025.

MURIS, P. *et al.* Worry in normal children. *Journal of the American Academy of Child and Adolescent Psychiatry*, v. 37, p. 703-710, 1998. Doi: 10.1097/00004583-199807000-00009.

REIS, M. A.; LANDIM, I. Relação entre ansiedade social infantil e o uso de controle coercitivo por pais e/ou cuidadores. *Contextos Clínicos*, v. 14, n. 1, jan./abr. 2021. Doi: 10.4013/ctc.2021.141.04.

SANTOS, L. F.; PIRES, E. U. Fobia social em adolescentes: repercussões acadêmicas. *Revista de Psicologia da IMED*, v. 8, n. 2, p. 172-184, 2016. Doi: 10.18256/2175-5027/psico-imed.v8n2p172-184.

STALLARD, P. *Ansiedade*: terapia cognitivo-comportamental para crianças e jovens. Trad. Sandra Maria Mallmann da Rosa. Porto Alegre: Artmed, 2010.

TOLLE, E. *O poder do agora*: um guia para a iluminação espiritual. Rio de Janeiro: Sextante, 2010.

WEEMS, C. F.; STICKLE, T. R. Anxiety disorders in childhood: casting a nomological net. *Clinical Child & Family Psychology Review*, v. 8, n. 2, p. 107-34, 2005. Doi: 10.1007/s10567-005-4751-2.

NOTA DE RECONHECIMENTO E NOTORIEDADE

Para nós, é muito importante reconhecer profissionais que se dedicam em buscar sempre o conhecimento e a aprendizagem. Apesar de o esforço e o mérito da escrita serem de cada autor, nós também ganhamos com isso, a sociedade ganha, nossas crianças e adolescentes ganham, afinal, terão seus desconfortos e todo mal-estar que a ansiedade traz identificados precocemente. Só posso reconhecer aquilo que eu conheço, e esta obra traz atualizações sobre a ansiedade infantojuvenil que dará oportunidade para pais, educadores e terapeutas identificarem a ansiedade patológica.

Reconhecemos a importância dos 29 autores deste livro que vocês, leitores, terão a agradável oportunidade de conhecer. Obrigada pela entrega de cada um de vocês para que fizéssemos história entregando para a sociedade uma obra inédita no Brasil.

A gratidão é uma forma singular de reconhecimento, e o reconhecimento é uma forma sincera de gratidão.

Alan Vaszatte

Carolina Perrotta e Francilene Torraca

AGRADECIMENTOS

Agradecemos a Deus a oportunidade de poder trazer para a sociedade um material tão rico, atualizado e, pela primeira vez no Brasil, falarmos do mutismo seletivo com tanta informação como nunca antes. O Brasil lidera o ranking de ansiedade no mundo, e nossa missão é conscientizar a sociedade e trazer visibilidade para os transtornos de ansiedade que acometem a infância e a adolescência, livrando nossas crianças de um destino com sofrimento maior do que já vivenciam quando experimentam sintomas de ansiedade patológica. Deus nos deu essa missão e seguimos nela ofertando o melhor de nós. Deus, obrigada por nos confiar essa grande responsabilidade!

Carolina Perrotta e Francilene Torraca